수학! 뒤집으면 풀린다!

아테나는 그리스 신화에 나오는 정의와 지혜의 여신으로, 로마 신화에서는 미네르바라고 불립니다.

　불과 수십 년 사이에 인류 문명은 눈부시게 진보하였습니다.
　특히 과학 분야는 하루가 다르게 발전하여, 어제 배운 지식이 내일이 되면 옛 것이 되어 버리는 상황이 벌어지고 있습니다. 그리고 그 넓은 지구가 한 마을처럼 가까워져 '지구촌'이라는 말까지 생겼습니다.
　인류가 이렇게 과학 문명을 발전시킬 수 있었던 밑바탕에는 '수학'이라는 거대한 학문이 자리잡고 있었기 때문입니다.
　그럼에도 불구하고 아직도 많은 사람들이 수학과 과학을 별개의 학문으로 생각하고 있습니다. 이것은 수학을 바르게 이해하지 못했기 때문에 빚어진 일입니다.
　사람들은 '수학'을 계산 기능을 배우는 공부 정도로 잘못 알고 있습니다. 그리고 어린이들은 복잡한 계산에 지쳐 '수학'이라는 말만 들어도 고개를 절레절레 흔들며 멀리하게 되었습니다.
　이 책에는 수학이 어떤 학문인지 널리 알리고 수학을 발전시키기 위해 노력했던 위대한 수학자들의 삶과 노력이 소개되어 있습니다.
　아무쪼록 많은 어린이들, 특히 수학에 흥미를 잃은 어린이들이 이 책을 통해 수학에 대해서 바로 알고 자신감을 되찾기 바랍니다.

엮은이

차례

÷ 수학을 뭐 하러 배웁니까? **12**

✕ 수학이란 무엇인가? **18**

± 수학자와 계산의 명수들 **34**

✳ 재미있는 수의 세계 **58**

₩ 위대한 수학자들 **78**

➗ 여자가 무슨 수학 공부를 해!? **132**

✖ 수학 별거 아닙니다. **158**

➕ 살아 있는 수학, 죽은 수학 **162**

✖ 수학을 즐기는 방법 **174**

✺ 한붓그리기 **183**

이 책을 읽기 전에

이 책은 어린이들이 어렵게 생각하는 수학에 대하여 바르게 알고, 흥미를 붙일 수 있도록 재미있게 엮은 책입니다.

◆ 이 책의 짜임과 내용은 다음과 같습니다.

- 수학을 뭐하러 배웁니까? – 우리 생활과 밀접한 수학
- 수학이란 무엇인가? – 수학은 생각하는 힘을 기르는 공부
- 수학자와 계산의 명수들 – 수학을 배우지 않은 계산의 명수들과 계산을 전혀 못 하는 수학의 천재들
- 재미있는 수의 세계 – 인류 문명과 함께 시작된 수학
- 위대한 수학자들 – 역사에 큰 발자취를 남긴 위대한 수학자들
- 여자가 무슨 수학 공부를 해!? – 온갖 천대와 사회적 차별을 이겨 내고 수학 역사에 이름을 남긴 위대한 여류 수학자
- 수학 별거 아닙니다. – 누구나 쉽게 배울 수 있는 수학
- 살아 있는 수학, 죽은 수학 – 항상 의문을 갖고 그것을 논리적으로 풀어 나가는 것이 살아 있는 수학
- 수학을 즐기는 방법 – 생각을 바꾸면 수학이 보입니다.

* 이 책에 나오는 인명·지명·사건명 등은 '표준국어대사전(국립국어연구원)'을 기준하였습니다.

수학! 뒤집으면 풀린다!

엮은이 **이명구** | 그린이 **한결 · 김주리**

아테나

수학을 뭐 하러 배웁니까?

*에디슨(1847~1931)
미국의 발명가.
전등, 축음기, 영화, 전화 등 천여 가지를 넘게 발명함.

*에디슨은 초등 학교도 제대로 다니지 못했으면서도 (공식적으로 에디슨이 학교에 다닌 것은 석 달에 불과합니다.) 천여 가지가 넘는 새로운 것을 발명하여 발명왕으로 존경받고 있습니다.

그런데 에디슨이 학교에 다닐 때 가장 싫어했던 과목이 수학이었다고 합니다. 그 까닭은 선생님께서 가르치는 수학을 이해할 수가 없었기 때문입니다.

어떤 때는 '1+1=2' 라는 식을 보고,

"물방울 하나에 하나를 보태면 도로 하나가 되는데, 왜 '1 더하기 1은 2'가 되냐?"

하고 꼬치꼬치 묻는 것이었습니다.

사람들은 이런 에디슨을 '돌머리'라고 놀려댔습니다.

이 돌머리 에디슨이 커서 여러 가지 발명품을 만들게 되는데, 이 때에도 그를 가장 괴롭힌 것이 바로 수학 계산이었습니다.

특히, 전기의 계산이나 *운동량의 계산 등 복잡한 공식을 써서 계산해야 하는 경우에는 두 손을 들 지경이었습니다. 그래서 에디슨은 복잡한 계산은 전문가에게 맡겼습니다.

에디슨이 전구를 발명할 때의 일입니다.

어느 날, 에디슨은 계산 전문가를 불러 자기가 만들고 있는 전구의 부피를 알아보라고 하였습니다.

계산 전문가는 전구 표면의 곡선을 재면서 열심히 계산을 하였습니다. 한참 후 에디슨이 물었습니다.

"선생님, 계산이 끝났습니까?"

"조금만 더 기다려 주십시오. 곧 답이 나옵니다."

계산 전문가는 종이에다 에디슨이 알지도 못하는 기호를 써 가며 낑낑대고 있는 것이었습니다.

* 운동량
물체가 움직이는 데 들인 힘의 양.

이것을 보고 에디슨이 혀를 끌끌 찼습니다.

"아니. 선생님, 뭘 그렇게 복잡하게 계산을 하십니까? 전구 속에 물을 넣은 다음, 그 물을 저울에 달아 보면 금세 그 부피를 알 수 있을 텐데요."

이런 경우에 에디슨과 계산 전문가 중 수학을 잘 하는 사람은 누구일까요?

에디슨의 방법은 수학이 아니라고요?

천만에! 수학은 어떤 문제를 논리적으로 해결하는 것이므로, 에디슨의 방법도 아주 훌륭한 수학이 되는 것입니다. 그래서 에디슨은 학교 교육을 그다지 중요하게 생각하지 않았습니다.

아인슈타인

그럼, 좀더 수학다운 예를 들어 볼까요?

'오른쪽 그림에서 원 밖에 있는 정사각형의 넓이는 원 안에 있는 정사각형의 몇 배나 될까요?'

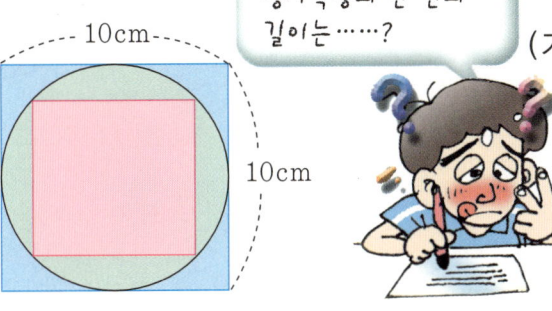

이 때 (가) 어린이는 일일이 넓이를 계산하여 답을 구합니다. 그런데 (나) 어린이는 아래 그림과 같이 원 안의 정사각형을 살짝 돌린 다음, 대각선을 그어 생기는 삼각형과 사각형으로, 답을 손쉽게 구했습니다.

자, 이 경우 과연 누가 계산을 잘 한다고 생각하세요? 물론 (나) 어린이라고 대답할 것입니다.

※이 문제의 답
- 큰 정사각형의 넓이 $10 \times 10 = 100 cm^2$
- 작은 정사각형의 넓이 $= 50 cm^2$

그러므로 큰 정사각형의 넓이는 작은 정사각형의 두 배가 됩니다.

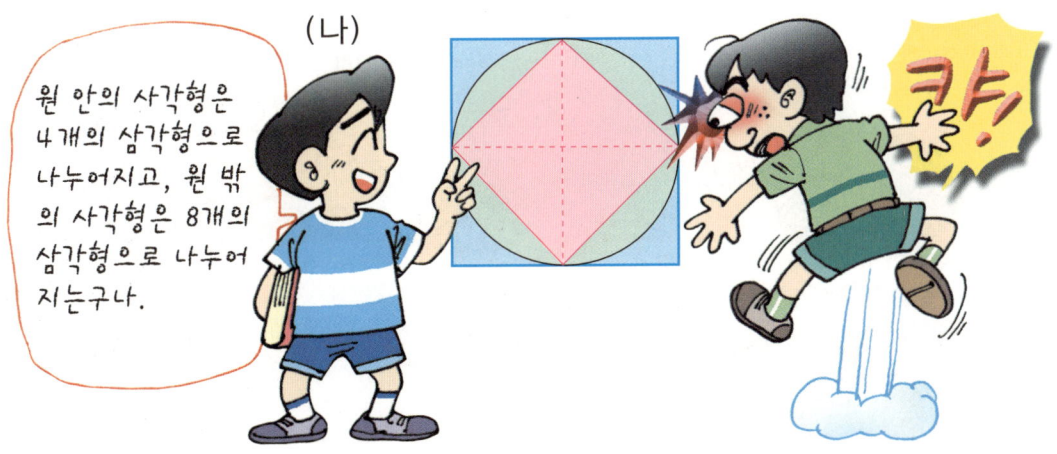

☀ 천대받는 수학

*밀접한
관계가 썩 가까운.

　수학만큼 우리 생활과 *밀접한 관계가 있는 학문도 없습니다. 아침에 눈을 떠서 시계를 보고 시각을 알아보는 것부터가 수학입니다. 화장실에 앉아서 시간에 따라 오늘 해야 할 일의 계획을 세우는 것도 수학이요, 무엇을 사거나 이용하고 돈을 치르는 것 역시 수학입니다.

　그런데 이렇게 소중한 수학을 우리 어린이들은 아주 싫어합니다. 아무리 공부를 잘하는 어린이라도 '수학 공부'라는 말만 들어도 고개를 절래절래 흔들며 눈쌀을 찌푸리기 마련입니다.

　수학이 이런 천대를 받게 된 것은 이제까지 수학을

가르쳐 온 우리의 수학 교육 방법에 많은 문제가 있지만, 수학을 겁내는 어린이들에게도 그 원인이 있습니다. 차분히 생각하면 쉽게 풀 수 있는 문제도 겁부터 내니 더욱 어려워지는 것입니다.

다음 문제를 생각해 봅시다.

> 두 수를 곱해서 13이 되는 수는 무엇일까요? 단, 두 수는 모두 *자연수이어야 합니다.
>
> ☐ × ☐ = 13

위 문제를 풀어 보라고 하면 대부분의 어린이들은 계산부터 하려고 생각합니다. 그러나 이런 경우에는 **수**와 **숫자**의 차이점이 무엇이며, 또 **자연수**가 무엇인지 알아보는 게 바른 순서입니다.

* 자연수
1, 2, 3, … 과 같은 수.
0은 자연수가 아님.

※ 이 문제의 정답
1×13=13
그러므로 두 수는 1과 13입니다.

수학이란 무엇인가?

지금으로부터 2500여 년 전, 찬란한 문화의 꽃을 피웠던 그리스 사람들은 그 어떤 학문보다 수학을 중요하게 여겼습니다. 수학이 참된 진리를 알아 내는 데 아주 적합한 학문으로 생각하였기 때문입니다. 수학이란 말도 이들이 맨 먼저 사용하였습니다.

그래서 *플라톤과 같은 학자는 '아카데미'라는 오늘날의 대학교와 비슷한 학교를 세우고 그 정문에,

"*기하학을 모르는 사람은 들어오지 말라."

라고 써 붙였다고 합니다.

* **플라톤**
고대 그리스의 철학자. 각지에서 청년들을 모아 연구와 교육 생활에 전념함.

* **기하학**
수학의 한 분야. 점·선·면·입체 등이 만드는 공간 도형의 성질을 연구하는 학문.

그럼, 수학은 무엇일까요?

수학을 한 마디로 잘라 말하기는 어렵지만, **어떤 문제를 논리적으로 생각하여 해결 방법을 찾고 그것을 증명하는 것**이라고 할 수 있습니다.

우리가 골치 아프게 생각하는 '수의 계산'은 수학의 극히 일부분에 지나지 않습니다.

💡 골치 아픈 수학의 계산

옛날 그리스 학자들은 논리적으로 생각하는 문제를 즐겨했습니다. 그래서 계산하는 일은 하찮게 생각하여 그런 일은 *노예들에게 맡겼습니다.

*노예
옛날 그리스나 로마에서는 육체적인 일을 맡아 하는 노예도 있었지만, 가정 교사·사무 등의 일을 맡아보는 노예도 있음.

그렇지만 아무리 논리적으로 생각하여 문제를 잘 푼다고 하여도, 정확한 계산으로 그것을 증명하지 못하면 그 답은 믿을 수 없게 됩니다.

그리스 수학자 피타고라스는 왼쪽과 같은 그림에서 다음과 같은 사실을 알아 내었습니다.

> 정사각형 **가**의 넓이는 정사각형 **나**와 **다**의 넓이의 합과 같다.

그런데 다음과 같은 일이 일어났다면 어떻게 되겠습니까?

☀ 그래도 계산은 해야 한다.

앞의 내용을 식으로 나타내면 다음과 같이 됩니다.

$$5 \times 5 = 4 \times 4 + 3 \times 3$$
가의 넓이 나의 넓이 다의 넓이

▶ 25=16+9

어떻습니까?

식을 세워 계산을 하니까 피타고라스의 말이 맞다는 것을 알 수 있지요. 이처럼 수학 계산은 어떤 현상과 사실을 증명하는 데 꼭 필요한 것입니다. 그런데 수학 계산에는 정해진 규칙이 있습니다. 만약 이 규칙을 어기고 아무렇게나 계산을 하면 다음과 같이 큰 혼란이 일어납니다.

• 바른 계산

$4 \times 4 = 16$
$3 \times 3 = 9$
$16 + 9 = 25$

여기서 만약, 여러분들에게 다음과 같은 질문을 던진다면 뭐라고 대답하겠습니까?

"왜 곱셈을 먼저 해야 하는가?"

그냥 속편하게 '그렇게 정해진 것' 이라고 대답을 한다면 그 어린이는 수학을 배울 자격이 없습니다.

위 '5+4×3'의 식은 다음과 같은 상황을 식으로 나타낸 것입니다.

> 사탕을 한 어린이는 5개를 가지고 있고, 세 명의 어린이는 4개씩 가지고 있다. 이 어린이들이 가지고 있는 사탕의 개수는 모두 몇 개인가?

우리가 곱하기를 적용해야 하는 경우는 묶음 수를

계산할 때입니다. 이것을 잘못 생각하여 묶음 수가 아닌 낱개 5를 각각의 묶음에 더하면 다음과 같은 실수를 하는 것입니다.

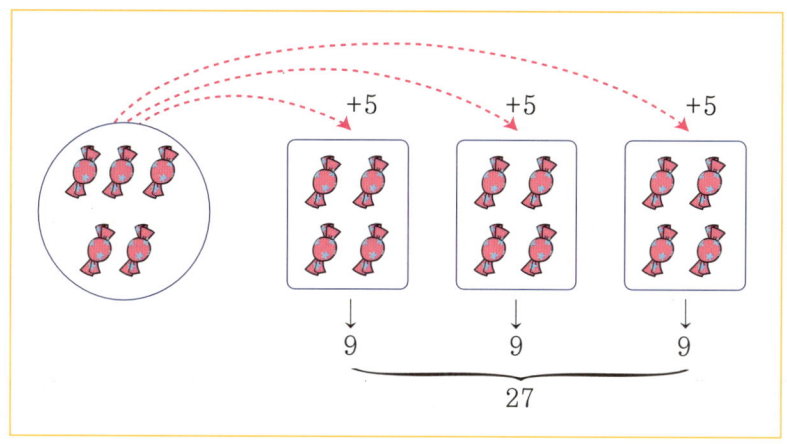

즉, 한 묶음이 4개인 것에 5개씩을 더해 9개로 계산한 것이니, 큰 잘못을 저지른 것이지요.

'1000원짜리가 한 장, 500원짜리 동전이 3개 있다.'는 것을 식으로 나타내면

$$1000 + 500 \times 3$$

이 되고, 이것을 바르게 풀면 2500원이 됩니다.

그러나 곱셈 우선의 원칙을 무시하고 차례대로 계산하면 4500원이라는 엉뚱한 답이 나오게 됩니다.

자, 어떻습니까? 우리가 생활을 할 때 손해를 보지 않으려면 수학을 잘 해야 합니다.

1000+500×3
1500
→ 4500(원)

다음과 같은 경우에 어느 쪽의 말이 맞을까요?

어느 거리에 이웃해 있는 두 피자 가게에서 가격 경쟁이 붙었습니다.

두 가게 중 어느 쪽이 피자를 더 싸게 파는 것일까요? (단, 피자의 두께는 똑같습니다.)

이 때, 이모저모로 따져서 계산해 보지 않고 선뜻 두 가게의 피자 값이 똑같다고 생각한 사람은 *논리적이지 못합니다.

* **논리적**
사물의 이치를 바르게 따지는 것.

> 피자의 양은 길이보다 넓이를 알아보아야 합니다.
> - 맛나 피자 : $10 \times 10 = 100 cm^2$ → 만 원
> - 기막혀 피자 : $20 \times 20 = 400 cm^2$ → 2만 원
>   → $100 cm^2$에 5000원

• 두께가 같으므로, 양의 차이는 넓이에 따라 달라지기 때문입니다.

따라서, 기막혀 피자 가게가 맛나 피자 가게보다 절반이나 더 싸게 파는 것입니다.

이런 일은 우리가 생활에서 가끔 겪게 되는데, 수학을 알면 쉽게 해결할 수 있는 일입니다.

☀ 수학의 힘은 위대하다.

수학은 어떤 문제를 논리적으로 해결하는 것이라고 하였습니다.

그럼, 수학의 힘이 얼마나 큰지 알아봅시다.

옛날 중국 제나라에 *손빈이라는 사람이 대장군 전기의 집에 머물고 있을 때의 일입니다.

당시 제나라의 귀족들 간에는 오늘날의 경마와 비슷한 마차 경기가 유행이었습니다.

이 경기는 돈을 걸고 두 사람이 각자 3대의 마차로 세 판의 경주를 벌여 두 판을 먼저 이기는 쪽이 건 돈을 모두 가져가는 것이었습니다.

*손빈
중국 춘추 전국 시대의 전략가. '손자병법'의 지은이 손무의 후손이라고도 함.

어느 날, 전기가 경기에서 졌습니다. 이것을 지켜보던 손빈이 전기에게 말하였습니다.

"대장군님, 다시 경기를 벌이십시오. 제가 꼭 이길 수 있도록 도와 드리겠습니다."

"허허허, 저쪽 말들이 강한데, 우리가 어떻게 이길 수 있겠소?"

"꼭 이길 수 있습니다. 제 말대로만 하십시오."

이 때, 손빈이 전기에게 가르쳐 준 것은 다음과 같은 작전이었습니다.

즉, 한 판 져 주고, 두 판 이기는 것입니다.

전기는 손빈이 시키는 대로 다시 마차 경기를 벌여 크게 이길 수 있었습니다.

이렇게 어떤 일을 논리적으로 풀어 가는 수학의 힘은 대단합니다.

*제2차 세계 대전에서 미국, 영국 등 연합국이 독일과 일본, 이탈리아 등의 동맹국을 물리치고 승리를 거둘 수 있었던 것도 연합국을 도와 준 뛰어난 과학자와 수학자들이 많이 있었기 때문이었습니다.

독일의 *히틀러가 유태인들을 탄압하며 학살하자, 많은 유태인 수학자와 과학자들이 유럽을 탈출하여 미국으로 건너갔던 것입니다.

이들은 미국과 영국의 학자들과 힘을 모아 신무기를 만들고, 독일과 일본의 *암호를 모두 풀어 내어 이들의 움직임을 미리 알고 쳐부술 수 있었던 것입니다.

즉, 독일과 일본은 수학이라는 무기가 약해서 전쟁에 진 것입니다.

그럼, 요즘은 어떨까요?

지금 이 시각에도 수학을 무기로 한, 치열한 전쟁이 세계 곳곳에서 쉴 새없이 벌어지고 있습니다.

---

*제2차 세계 대전
1939년 9월 1일 독일의 폴란드 침입과 이에 대한 영국·프랑스의 선전 포고, 1941년의 독일·소련 전쟁, 그리고 태평양 전쟁의 발발을 거쳐 1945년 8월 15일 일본의 항복에 이르는 기간의 세계 규모의 전쟁.

*히틀러(1889~1945)
독일의 정치가, 나치스의 지도자.

*암호
같은 편끼리만 알 수 있도록 꾸민 부호.

물론 사람이 죽거나 다치는 일은 일어나지 않지만, 순식간에 나라의 운명이 뒤바뀔 정도로 치열한 싸움이 끊임없이 일어나고 있습니다.

수학이 어떻게 무기가 될 수 있느냐고요?

그것은 요즘 우리 생활 거의 모든 곳에 사용되고 있는 컴퓨터를 생각해 보면 잘 알 수 있습니다. 왜냐 하면, 컴퓨터는 다름 아닌 수학의 원리로 *운용되고 있기 때문입니다.

오늘날에는 세계 모든 나라 사람들은 수학의 중요성을 잘 알고 있습니다. 그리고 수학 실력이 강해야 나라가 발전할 수 있다는 것도 잘 알고 있습니다.

*운용
기능을 다루어 사용함.

🔆 우리 나라의 수학 실력

사람들은 흔히 세상에서 제일 머리가 좋은 민족은 유태인들이라고 합니다. 이것은 기독교의 영향을 받은 탓(기독교의 구약 성서에는 이스라엘 민족 즉, 유태인이 하느님의 선택을 받았다고 나와 있음)도 있지만, 실제로 유태인 중에는 *아인슈타인이나 *스티븐 스필버그와 같은 뛰어난 사람들이 많이 나왔기 때문입니다.

그런데 이스라엘 민족뿐만 아니라, 세상의 모든 민족들이 저마다 자기 민족이 이 세상에서 가장 뛰어난 민족이며, 모두들 하느님 또는 신으로부터 선택을 받았다고(어떤 경우에는 하느님이나 신의 자손이라고도 함) 합니다.

그렇다면 어느 민족이 정말로 가장 우수한 민족일까요?

이 물음에 대답하기는 정말 어렵습니다. 민족이라면 한두 명도 아니고 최하 몇 백만 명은 넘을 테고, 각 민족마다 문화나 생활 양식, 판단 기준

* **아인슈타인(1879~1955)**
미국의 이론 물리학자. 광양자설, 브라운 운동의 이론, 특수 상대성 이론을 연구, 이를 1905년 발표.

* **스티븐 스필버그(1947~)**
미국의 영화 감독·제작자. 대표적인 작품으로는 E.T.가 있음.

등이 아주 다를 것입니다. 사정이 이런 판에 어느 민족의 머리가 우수한지 어떻게 알아볼 수 있을까요?

그런데 아주 정확하지는 않지만, 그걸 알아보는 방법이 있습니다.

그게 바로 국제 수학 올림피아드 대회(IMO)입니다.

이 대회는 세계 각국의 고등 학생 대표 선수들이 모여 똑같은 수학 문제로 실력을 겨루는 것입니다. 즉, 수학의 *올림픽이라고 할 수 있는 것이지요.

물론 이 대회를 만든 목적은 학생들의 수학 실력을 향상시키기 위한 것입니다. 그렇지만 머리가 좋아야 수학을 잘할 수 있는 것이므로, 세계 각국은 자기 나라 학생들의 올림피아드 성적을 아주 중요하게 생각합니다.

이 대회에서 우리 나라는 줄곧 10위 안에 들었습니다. 그리고 2000년과 2001년에는 세계 4위의 성적을 거두었습니다. 당시 1위는 중국, 2위는 러시아와 미국이었습니다. 그러니까 우리 나라는 세계 *초강대국과 수학 실력이 엇비슷하다는 이야기가 되는 것입니다.

올림피아드 국가별 순위는 올림픽과 마찬가지로 공식적으로 발표하지 않습니다.

그러나 많은 나라에서 큰 관심을 갖고 있기 때문에 순위를 발표합니다.

***올림픽**
4년마다 개최하는 국제 스포츠 대회.

***초강대국**
미국이나 러시아 등과 같이 나라의 힘이 아주 강한 나라.

다음 표는 2001년 국제 수학 올림피아드 대회에서 상위 입상한 나라들입니다.

순위	나라명	점수	참가자
1	중국	225	6
2	러시아, 미국	196	6
4	한국, 불가리아	185	6
6	카자흐스탄	168	6
7	인도	148	6
8	우크라이나	143	6
9	타이완	141	6
10	베트남	139	6
11	터키	136	6
12	벨로루시	135	6

이 대회의 참가자는 모두 고등 학생이며, 한 나라에서 6명까지 출전할 수 있습니다.

출전자들은 1문제당 42점짜리인 문제 6개를 이틀 동안 하루에 4시간 30분씩 푸는 것입니다. 그러니까 출전자 6명이 문제를 모두 맞히면 252점이 되는 것이지요. 그리고 문제의 답이 맞고 틀리는 것보다 해결하는 과정을 중요하게 생각하여 점수를 매기는 것입니다.

그런데 참 이상한 일이 있군요.

앞 표를 보면 과학과 기술이 발달한 독일이나 일본 등이 나타나 있지 않군요. 그리고 세계에서 제일 머리가 좋다는 이스라엘 역시 보이지 않습니다.(2001년 대회에서 이스라엘은 6명이 참가하여 113점을 받아 17위를 하였습니다.)

이런 올림피아드 대회 성적으로 민족의 *우열을 판가름할 수는 없지만, 우리 대한 민국 고등 학생의 수학 실력이 실로 놀랍습니다.

그런데 더욱 놀라운 것은 우리 나라 각 학교 등급별 수학 성적을 조사해 보면, 초등 학생들의 수학 성적이 가장 뛰어나다는 것입니다.

즉, 세계 4위의 실력을 가진 우리 나라 고등 학생들의 수학 실력도 우리 초등 학생들의 실력에는 못 미친

***우열**
뛰어남과 못남.

다는 말입니다.

 이렇게 뛰어난 수학 실력을 가진 초등 학생들이 중학교, 고등 학교로 올라갈수록 점점 수학을 어렵게 생각하여 멀리하다가 대학생이나 어른이 되어서는 아예 수학과 담을 쌓고 사는 사람이 많은 것은 참으로 안타까운 일이 아닐 수 없습니다.

 아무튼 우리 나라 초등 학생들의 수학 실력이 뛰어난 것은 무엇을 말하는 것일까요?

 그렇습니다! 세계에서 머리가 가장 좋은 민족은 다름 아닌 우리 한민족이란 증거입니다!

수학자와 계산의 명수들

💡 수학자들은 계산을 잘 하는가?

우리는 흔히 수학을 잘 하는 사람들은 응당 계산도 참 잘하겠거니 하고 생각합니다.

그런데 초등 학생들이 하는 다음과 같은 큰 수 계산은 중학교만 올라가도 하지 않습니다.

(위 문제는 초등 학교 4학년 수학 교과서에 나온 연습 문제임.)

그러면 수학을 전문적으로 연구하는 수학자들은 계산을 잘 했을까요?

훌륭한 수학자들 중에는 계산을 아주 잘 하는 가우스(이 책 48쪽 참조)나 노이만(이 책 54쪽 참조)과 같은 학자도 있었지만, 대부분의 수학자들은 계산을 전혀 못 하였습니다.

그들은 단순히 계산하는 일은 시간 낭비라고 생각하였던 것입니다.

∷ 에바리스트 갈루아

에바리스트 갈루아는 1811년 10월 25일 프랑스 파리 근처의 작은 마을에서 태어나, 1832년 5월 30일 불과 21살의 나이로 세상을 떠났습니다.

그러니까 갈루아가 이 세상에 살았던 것은 불과 20여 년 밖에 안 됩니다. 그렇지만 그가 남긴 *수학의 업적은 매우 커서 지금도 갈루아를 '천재 수학자'라고 부릅니다.

사실, 갈루아가 살아 있을 때에는 아무도 그가 천재라는 것을 알지 못했습니다.

그가 천재라고 알려지게 된 것은 그가 죽기 전에 남긴 몇 장의 메모지 때문입니다.

* **수학의 업적**
대수 방정식의 해법에 대한 원리를 알아 냄.

그러나 이 메모지에 쓰여진 수학 이론도 내용이 너무 어려워 아무도 이해하지 못하다가 70여 년 후에야 겨우 그 이론의 훌륭함을 알아 내었다고 하니, 그가 얼마나 뛰어난 수학자인지 알 수 있습니다.

이렇게 뛰어난 천재 수학자 갈루아도 어릴 때에는 그 누구도 못 말리는 *문제아였다고 합니다.

수업 시간에는 이상한 질문이나 하여, 수업 분위기를 흐려 놓는가 하면, 조심성이 없어 평범한 계산 문제를 곧잘 틀리곤 했습니다.

중학교 때는 수학 시험에 0점을 받기도 했습니다. 그런데 더욱 놀랄 일은 그가 파리 공과 대학 입학 시험에서 세 번씩이나 떨어졌다는 것입니다.

*문제아
성격·행동 따위가 다른 어린이들과 달라 특별한 교육과 지도가 필요한 어린이.

갈루아는 1832년 5월 30일, 이른 새벽에 이유를 알 수 없는 *결투를 벌이다가 중상을 입고 세상을 떠났습니다. 그런데 그 전날 갈루아는 자기의 죽음을 예상한 듯이 마구 휘갈겨 쓴 31장의 메모를 남겼습니다.

여기에 아주 획기적인 수학 이론이 정리되어 있었는데, 이것이 유명한 **갈루아 이론**입니다.

갈루아의 천재성이 인정되자, 파리 공과 대학에서는 대학 시험 때 그를 3번씩이나 낙방시켰던 것을 안타깝게 생각하였습니다.

그 이후로 프랑스에서는 재능 있는 젊은이를 낙방시키는 일이 없도록 각별히 주의했습니다. 이 혜택을 받은 사람이 다음에 소개하는 앙리 푸앵카레입니다.

*결투
서로의 원한이나 갈등을 풀기 위해 정해진 방법으로 승부를 결판내는 일.

:: 앙리 푸앵카레

앙리 푸앵카레는 1854년에 프랑스 북동부에 있는 공업 도시인 낭시에서 태어났습니다.

그는 5살 때 심하게 앓아 몸이 매우 허약했습니다. 그래서 운동보다 독서를 즐겼습니다.

푸앵카레는 한 번 읽은 책의 내용은 절대로 잊어버리지 않는 *비상한 능력을 가졌음에도 불구하고, 수학 계산은 형편없었습니다.

그래서 초등 학교 때에는 다른 과목에 비해 수학 과목은 성적이 좋지 못하였고 취미도 없었습니다.

1871년 푸앵카레는 파리 공과 대학의 입학 시험을 보았는데, 수학에서 0점을 맞았습니다.

*비상한
보통이 아닌 아주 뛰어난.

이런 경우 보통 사람이라면 마땅히 불합격이 되어야 합니다. 그런데 시험관들은 특별히 입학을 허락하였다고 합니다.

그 까닭은 푸앵카레의 다른 과목(특히 과학)의 재능이 매우 뛰어났기 때문이기도 했지만, 푸앵카레보다 약 40여 년 앞서 살았던 천재 수학자 갈루아의 덕분이었다고 합니다.

푸앵카레는 '과학과 방법'이란 책에 자기의 계산 능력을 다음과 같이 썼습니다.

> "…… 수학의 *대가가 되려면 모두 계산을 잘 해야 한다고 생각하는 사람들이 많습니다. 물론 그런 경우도 있습니다.
> 예를 들어, 가우스는 천재적인 수학자인 동시에 계산의 명수였습니다. 그러나 그런 경우는 예외입니다. 나를 두고 말한다면, 실수 없이 덧셈을 하는 것조차 불가능합니다……."

*대가
어떤 분야에 아주 뛰어난 사람.

이렇게 계산을 못 하는 푸앵카레였지만, 수학의 원리를 과학에 응용하여 천문학과 물리학 발전에 큰 공헌을 하였습니다.

🔆 계산의 명수들

　수학자들이면서도 계산을 못 하는 사람이 있는가 하면, 반대로 '수학'이란 말조차 들어본 적이 없는 사람이 복잡한 계산을 척척 해내는 경우가 있습니다. 우리는 이런 사람들을 천재라고 부르는데, 이 사람들이 정말 천재일까요?

∷ 토머스 풀러

*흑인 노예
지난날 미국 등지에서 짐승처럼 부림을 당하던 아프리카 흑인들.

　지금으로부터 150년 전만 해도 미국에는 *흑인 노예들이 있었습니다.

　흑인 노예를 부리던 당시 백인들은 흑인들이 자기네들보다 못나고 뒤떨어졌기 때문에 짐승 같은 대우를 받는 것이 당연하다고 생각하고 있었습니다.

　이런 백인들의 잘못된 생각을 뒤엎은 사람이 있었으니, 그 사람이 바로 토머스 풀러입니다.

　토머스 풀러는

어릴 때부터 뛰어난 *암산력으로 사람들을 깜짝 놀라게 하였습니다.

토머스 풀러가 70세의 노인이 되었을 무렵, 두 명의 백인 신사가 그를 만나러 왔습니다.

"그대가 토머스 풀러인가?"

"예, 그렇습니다."

"우린 자네가 암산을 하도 잘 한다고 하기에 그게 사실인지 확인해 보려고 왔네."

"그저 셈을 남보다 조금 빨리 할 뿐입니다."

"좋아. 그럼, 문제를 내겠네. 70년 17일 12시간을 산 사람이 있다네. 이 사람은 몇 초를 산 것인가?"

문제를 낸 백인 신사들은 한참 걸리겠지 하는 생각으로 담배를 피워 물었습니다. 그런데 불과 2분 정도 지났을 무렵 토머스 풀러가 입을 열었습니다.

"2,210,500,800초로군요."

그러자 두 신사는 빙긋이 웃으며 고개를 가로저었습니다.

"후후후. 역시 문제가 어려웠나 보군. 우리가 계산해 온 것은 자네가 계산한 것과 다르네. 참고 삼아 말하는데, 이 계산은 고등 학교 수학 선생님들이 한 것이야. 자네보다 몇 배 이상 우수한 백인 선생님들

*암산력
계산기나 필기 도구를 쓰지 않고 머리 속으로 계산하는 능력.

1년=365일
1일=24시간
1시간=60분
1분=60초

이 풀었으니, 틀릴 리가 없지. 안 그런가?"
하면서 종이 쪽지를 보여 주었습니다.

토머스 풀러가 그 쪽지를 보더니 입을 열었습니다.

"이 계산은 달력에 대하여 모르는 사람이 한 것이군요. 지금 우리가 쓰고 있는 달력은 4년마다 한 번씩 *윤년이 들어 일 년이 366일(2월이 29일)이 됩니다. 전 그것을 넣어 계산했습니다."

토머스 풀러의 이야기를 들은 백인 신사들은 입을 벌린 채 멍하니 서 있었습니다.

놀랍게도 토머스 풀러는 아무런 교육도 받지 못하였을 뿐만 아니라, 14살이 되도록 10까지의 수도 헤아리지 못했다고 합니다. 이런 그가 농장에서 일하면서 소의 마릿수, 통 속에 들어 있는 콩의 개수를 세어 가면서 계산을 배웠다고 하니 참으로 놀라운 일입니다.

∷ 계산에 미친 벅스턴

벅스턴은 18세기 영국에서 살았던 가난한 농부였습니다. 그는 교육을 제대로 받지 못하여 자기 이름도 제대로 쓸 줄 몰랐습니다. 그리고 너무 가난하여 먹고 살기 위하여 매일 심한 노동을 해야 했습니다.

이런 벅스턴이었지만, 셈에 대해서는 천재적인 재능

*윤년
일 년은 365일이 조금 넘습니다. 그래서 그 시간을 모아 4년마다 한 번씩 2월을 29일로 하여 일 년을 366일로 정한 해.

이 있었습니다.

어느 날 벅스턴이 밭에서 일하고 있을 때, 농장 주인이 나타났습니다.

"여보게, 자네가 그렇게 계산을 잘 한다며?"

"뭘요, *심심풀이로 가끔 해 보고 있습니다."

"그럼, 내가 문제를 하나 내 볼까?"

하면서 종이 쪽지를 하나 꺼내들었습니다. 아마 주인은 문제도 잘 외우지 못하는 듯하였습니다.

"가로가 23,145,780 cm, 세로가 5,642,745 cm, 높이가 54,945 cm인 직육면체 모양의 큰 상자에는 한 변의 길이가 15 cm인 정육면체 모양의 상자가 몇 개 들어가겠나?"

문제를 듣고 난 후, 벅스턴은 고개를 끄덕이며 시간

*심심풀이
따분하고 지루함을 잊고 시간을 보내기 위해 하는 일

을 달라며 하던 일을 계속하였습니다. 잠시 후, 벅스턴은 나뭇가지를 들고 와서는

"주인님, 수가 너무 커서 제가 어떻게 읽어야 할지 모르겠습니다. 땅에다 그냥 쓰겠습니다."

그가 쓴 수는 *2,126,261,355,480,108이란 무려 16자리의 수였습니다.

> *수를 읽는 법
> 2126조
> 2613억
> 5548만
> 108

벅스턴의 답을 본 농장 주인은 눈이 휘둥그래지며 외쳤습니다.

"자, 자네가……. 분명 사람 맞지? 혹시 여우 아닌가?"

벅스턴의 놀라운 재능은 이뿐만 아니라, 어떤 곳이든 걸어보기만 하면 *측량 기사 이상으로 거리며, 넓이를 정확히 알아맞혔습니다.

> *측량 기사
> 땅 위의 어떤 위치·각도·거리·방향 따위를 재어 그림으로 나타내는 기술자.

그는 눈에 보이는 모든 것을 모두 셈하여 보고 혼자 즐거워하였습니다. 그러나 계산 이외의 그의 지능은 거의 어린아이 수준이었습니다.

그의 이름이 널리 알려지자, 학자들이 그에게 관심을 갖고 그를 *학술원으로 초대하여 암산을 시험해 본 적도 있습니다. 그리하여 마침내는 영국의 왕 *리처드 3세를 뵙는 영광까지 안게 되었습니다. 영국 왕은 런

> *학술원
> 과학자의 학술 연구를 지원하기 위해 설치된 국가 기관.

> *리처드 3세
> 영국 요크 왕조의 마지막 왕.

던의 한 극장에서 연극을 감상한 후 벅스턴을 만났습니다.

"그대가 그렇게 셈을 잘 한다는 벅스턴인가?"

"예. 폐하!"

"그래, 연극은 재미있었는가?"

"예. 여러 가지로 흥미로웠습니다."

하면서 벅스턴은 연극에 나오는 배우들이 무대에 등장한 횟수와 말을 한 횟수를 계속 늘어놓았습니다. 이런 벅스턴의 엉뚱한 대답에 주위에 있는 사람들은 몸 둘 바를 몰랐습니다.

그 후에도 벅스턴은 시골에서 힘든 노동을 하며 가난하게 살다 세상을 떠났습니다.

이와 같은 경우로 볼 때, **수학과 계산 능력은 그다지 관계가 없어** 보입니다.

이 사실을 증명할 아주 재미있는 경우가 있습니다.

∷ 콜번

미국의 암산 학자 콜번은 평범한 어린이였으나, 초등 학교에 들어가자마자 계산에 비범한 능력을 발휘하였습니다.

그는 수에 대한 기억력이 뛰어났으며 여러 가지 계

산이 아주 빨랐습니다.

가난한 콜번의 아버지는 아들을 데리고 다니며 여러 사람들 앞에서 어려운 계산을 시키고 구경꾼들이 던져 주는 돈으로 생활을 하였습니다.

콜번은 계산이 정확하기도 했지만 매우 빨랐습니다. 그가 7살 때의 일입니다.

"11년은 몇 초인가?"

라는 물음에 불과 4초 만에

"346,896,000초"

라고 대답하였습니다.

그의 계산이 얼마나 빠른지 문제를 적는 *속기사가 문제를 채 적기도 전에 답을 말했다고 합니다.

콜번은 유럽을 돌아다니며 공연을 하였고, *아일랜드의 더블린에서 열린 박람회에도 나가 자신의 능력을 과시하였습니다.

이 일은 당시 15세 소년이었던 아일랜드의 천재 해밀턴에게 큰 영향을 끼쳤습니다.

콜번의 재능을 본 해밀턴이 수학에 흥미를 느껴 수학 공부에 전념하였던 것입니다.

* **속기사**
다른 사람이 하는 말을 일정한 기호로 빨리 적는 사람.

* **아일랜드**
영국 옆에 있는 섬나라.

이렇게 콜번이 세계를 두루 돌아다니며 암산의 *묘기를 보이자, 그의 뛰어난 재능을 아깝게 생각한 사람들이 돈을 모아 학교로 보내 정식으로 교육을 받게 하였습니다.

그런데 이게 웬일입니까?

몇 년이 지나자, 콜번의 뛰어난 암산 능력은 사라져 버렸습니다.

즉, 정식 교육을 통해 여러 가지 생각해야 할 능력을 배우자, 단순히 계산만 하는 암산 능력이 없어진 것입니다.

다시 말하면 아무 생각 없이 셈만 하는 계산은 학문이라고 할 수 없다는 것입니다.

*묘기
신기하고 묘한 기술.

계산을 잘 하는 수학자들

앞에서 소개된 내용을 보면 천재 수학자로 이름이 높은 사람들은 계산이 서툴고, 오히려 수학 교육을 전혀 받지 않은 사람들이 계산을 잘 했군요.

그렇다면 수학자들 중에서 계산을 잘 한 사람은 없었을까요?

칼 프리드리히 가우스

우리는 어떤 일에 가장 뛰어난 사람을 그 분야의 '왕' 또는 '황제'라고 합니다. 여러분들도 '퀴즈왕'이니 '암산왕'이니 하는 말을 들어 본 적이 있을 겁니다.

그런데 지금 우리가 이야기하고 있는 수학 분야에도 왕이 있습니다.

서기 1855년 2월 23일 독일 괴팅겐 대학의 수학 교수 겸 천문 대장인 칼 프리드리히 가우스가 세상을 떠났습니다. 이 때 그의 죽음을 애석하게 여긴 *하노버의 왕이 기념 화폐를 만들게 하였는데, 거기에 가우스를 **수학의 왕**이라고 칭송하였습니다.

그 후에 사람들은 가우스를 '수학의 왕' 또는 '최고의 수학자'라고 불렀습니다. 그만큼 가우스가 수학에 남긴 업적이 크기 때문입니다.

*하노버
옛날 북부 독일 기름진 평야에 있었던 공국. 오늘날에는 이 지역이 행정·경제·문화의 중심지임.

가우스는 1777년 4월 30일 독일의 브라운 슈바이크에서 가난한 벽돌 노동자의 아들로 태어났습니다. 전해 오는 이야기에 따르면, 가우스가 세 살 때 그의 아버지가 일꾼들의 *품삯을 잘못 계산한 것을 발견하고 정확하게 고쳐 주었다고 합니다.

가우스의 아버지는 아주 고지식하고 난폭한 사람이었던지 이런 아들의 재능을 알고서도 아들의 교육에 힘쓰지 않았습니다. 오히려 가우스를 자기처럼 난폭한 사람으로 만들려고 했습니다. 그런데 어머니는 아주 곧은 성품에 뛰어난 지혜를 가진 사람이었습니다. 그녀는 무지막지한 남편으로부터 아들을 지켜 주었고, 뛰어난 재능을 발휘할 수 있도록 도와 주었습니다.

* **품삯**
일한 대가로 주는 돈이나 물품.

* **사리**
일의 이치.

*가혹한
매우 모질고 독한.

　　가우스는 일곱 살 때 성 캐서린 초등 학교에 입학하여 뷔트너 선생님을 만났습니다. 뷔트너의 교육 방법은 학생들에게는 매우 *가혹한 것이었습니다.

　　그가 학생들을 얼마나 심하게 때렸는지, 학생들은 두려움에 떤 나머지 자기의 이름도 잊어버릴 정도였습니다.

　　가우스가 열 살 되던 해, 어느 날 선생님은 시간이 많이 걸리는 계산 문제를 내었습니다.

　　"모두들 조용히! 1부터 100까지의 수를 모두 더하면 얼마가 되는지 계산해 보도록."

　　너무 엄청난 문제에 아이들은 모두 끙끙거리며 계산하느라 금방 잠잠해졌습니다. 선생님은 아이들의 이 모습을 보고, 흐뭇한 미소를 띠었습니다.

그런데 얼마 지나지 않아 가우스가 계산을 끝냈다는 것이었습니다.

처음에 선생님은 가우스가 장난을 치는 줄 알았습니다. 그러나 가우스가 계산한 것을 보고 깜짝 놀랐습니다. 왜냐 하면, 가우스의 계산 방법이 아래와 같이 독특하였기 때문입니다.

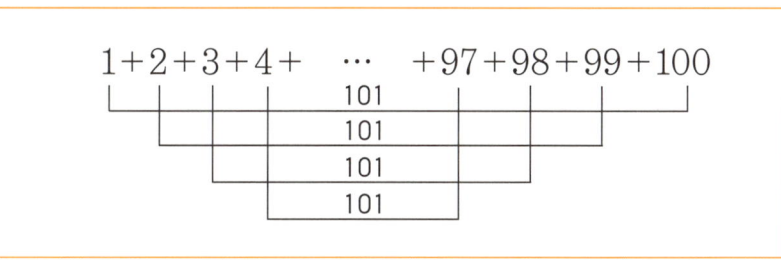

이렇게 1부터 100까지 수에서, 맨 앞의 수와 마지막 수를 차례로 짝지어 더하면 101이 50개가 되므로, $101 \times 50 = 5050$이라는 것입니다.

그 후로 학생들에게 무섭고 엄한 뷔트너 선생님도 가우스에게만은 다정하게 대해 주고 좋은 책도 구해 주었다고 합니다.

이런 계산 방법은 앞에서 소개한 암산을 잘 하던 사람들과 전혀 다른 것입니다. 즉, 가우스의 계산은 무작정 셈을 빨리 하는 것이 아니라 '생각하는 계산'이었습니다.

사람들이 가우스를 '수학의 왕'이라고 부르는 까닭은 그가 계산을 잘 하기 때문이 아니라, 수학의 학설이나 연구 방법을 바꾸었기 때문입니다.

어느 때 유명한 탐험가 한 사람이 프랑스의 유명한 수학자 *라플라스에게 물었습니다.

"독일에서 가장 위대한 수학자는 누구입니까?"

사실, 이 탐험가는 대답으로 가우스를 원했습니다. 그러나 라플라스는,

"독일에서 가장 위대한 수학자는 *파프입니다."

라고 대답했습니다. 실망한 이 탐험가는

"그럼, 가우스를 어떻게 생각하십니까?"

라고 묻자, 라플라스는

"가우스는 이 세상에서 가장 위대한 수학자입니다."

라고 대답했습니다.

그 당시 프랑스와 독일은 *적대 관계에 있었지만, 라플라스는 가우스를 칭찬하는 데 주저하지 않았습니다.

---

* **라플라스**
프랑스의 천문학자 · 수학자. 행렬론 · 확률론 · 해석학 등을 연구함.

* **파프**
독일의 수학자.
가우스의 스승.

* **적대 관계**
서로 적으로 맞서 있는 관계.

최석정

앞에서 소개한 가우스의 계산 방법과 비슷한 방법을 사용한 사람이 우리 나라에도 있었습니다.

조선 시대 후기의 학자이며 정치가였던 *최석정이 바로 그 사람입니다.

최석정은 1646년에 태어나 9살에 벌써 시경이나 서경과 같은 유학책을 줄줄 암송하였다고 합니다.

옛날 우리 나라는 '*사농공상(士農工商)'이라 하여 신분에 따라 직업에 차별을 두었습니다. 그리고 유학을 최고의 학문으로 여기고, 수학(산학), 의학(의술) 등을 천시하였습니다. 그런데 최석정은 벼슬이 영의정까지 올랐으나, 수학에도 깊은 관심을 가지고 *구수략이라는 책을 펴냈습니다. 이 책에서 그는 1부터 10까지의 수를 다음과 같이 계산하였습니다.

* **최석정**
조선 후기의 문신·학자.

* **사농공상**
고려·조선 시대의 직업에 따른 사회 계급. 학문을 닦는 일이 가장 귀하고 그 다음부터 농업, 공업, 상업의 순서로 차별을 둠.

* **구수략**
조선 시대의 수학책. 활자본. 본편과 부록으로 이루어졌는데, 한국 고대 수학책 가운데 가장 정리가 잘 된 것.

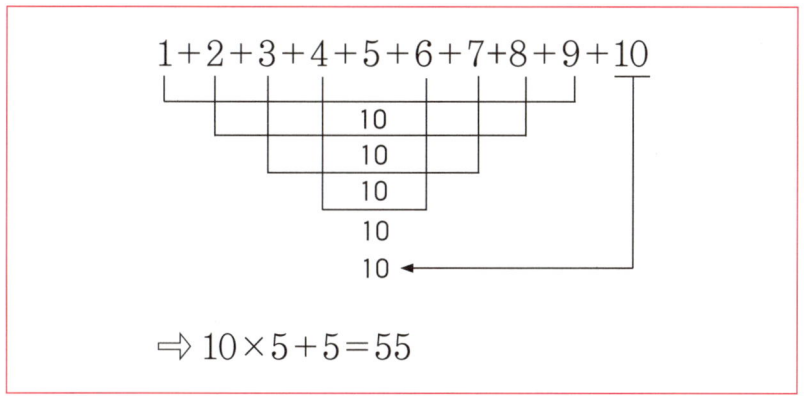

:: 살아 있는 계산기 – 폰 노이만

수학과 아주 밀접한 관계가 있는 학문은 뭐니뭐니해도 과학입니다.

과학은 자연의 비밀(규칙이나 현상)을 밝히는 학문입니다. 그러기 때문에 과학자들은 자연 현상을 관찰하고 실험해 보며, 그 결과를 정리하여 분석하는 일을 수없이 되풀이합니다. 이런 일을 할 때 꼭 필요한 것이 수학입니다.

예를 들어, *일식이나 *월식 현상이 일어나는 때와 장소를 알아 내려면 지구가 태양의 주위를 도는 속도와 궤도, 달이 지구 주위를 도는 속도와 궤도, 그리고 지구가 스스로 도는 속도와 태양과 지구와 달의 각도 등 수많은 것들을 정확하게 계산해야 합니다. 그런데 이런 것들은 보통 수학 실력으로는 엄두도 못 낼 일이지요. 그렇기 때문에 수학과 과학은 뗄래야 뗄 수 없는 사이입니다.

그런데 위대한 과학자로 존경을 받고 있는 에디슨이나 아인슈타인은 수학 공부를 게을리하여 많은 어려움을 겪었습니다. 이들은 자기가 생각한 것을 스스로 계산하지 못하고 늘 수학자들에게 부탁해야 했습니다.

*일식
　태양이 달에 의해서 가려지는 현상.

*월식
　달의 전부 또는 일부가 지구의 그림자에 가려져 지구에서 본 달의 밝은 부분이 일부 또는 전부가 어둡게 보이는 현상.

그렇지만 뉴턴 같은 과학자는 수학에도 뛰어난 재능이 있어서, 떠돌이별의 움직임이나 물체의 운동 빠르기 등을 계산할 수 있는 *수학의 한 분야를 개척하기도 했습니다.

이와는 반대로 수학자가 과학 분야에 큰 공헌을 한 사람들도 많습니다. 그 중 유명한 사람이 *폰 노이만입니다.

폰 노이만은 1903년에, 헝가리의 부다페스트에서 부유한 은행가의 아들로 태어났습니다. 그의 집안은 순수한 헝가리 인이 아니라 유태인이었습니다.

그는 겨우 말을 시작했을 무렵부터 신동으로 소문이

▶ 뉴턴이 개척한 수학의 한 분야 : 미적분
121~124쪽에 더 자세히 나와 있음.

*폰 노이만(1903~1957)
헝가리 출신의 미국 수학자. 1919년 베를린 대학 및 취리히 대학에서 공부하고, 부다페스트 대학에서 학위를 받음.

났습니다.

그리고 소년 시절에는 전화 번호부에 나오는 이름, 주소, 전화 번호를 하나도 틀리지 않고 줄줄 암송하였으며, 8자리 수(천만 단위)끼리의 나눗셈을 암산으로 해냈습니다. 그리고 11살이 되었을 무렵에는 *부다페스트 대학의 수학 교수에게 직접 지도를 받을 정도였습니다.

그는 1929년 불과 26살의 나이로 함부르크 대학의 교수가 되었으나, 히틀러가 유태인을 탄압하고 마구 학살하자, 1935년에 유럽을 떠나 미국으로 이민을 떠나게 됩니다.

이 무렵 그는 이미 살아 있는 유명한 수학자들 중의 한 사람으로서 존경을 받고 있었기 때문에 즉시 프린스턴 대학의 교수가 되었습니다.

수학 박사인 폰 노이만은 과학에도 뛰어난 재능을 보여 많은 일을 해냈습니다.

그는 과학 분야 중 *양자 역학, *천체 물리학, *유체 역학뿐만 아니라, 전자 계산기의 이론 등을 연구하여 큰 성과를 올렸습니다.

그렇지만 폰 노이만의 가장 뛰어난 재능은 뭐니뭐니 해도 계산 능력이었습니다.

***부다페스트**
헝가리의 수도.

***양자 역학**
양자론의 기초를 이루는 물리학 이론의 체계.

***천체 물리학**
지구, 달, 별 들의 움직임과 궤도 등을 연구하는 과학의 한 분야.

***유체 역학**
기체와 액체 등 유체의 운동을 연구하는 물리학의 한 분야.

계산의 귀신이 어쩌다가 인간의 탈을 쓰고 이 세상에 나타났다고까지 할 정도로, 사람들은 그의 놀라운 계산 능력에 혀를 내둘렀습니다.

제2차 세계 대전을 끝나게 한 원자 폭탄 제조의 유명한 *맨해튼 계획의 회의에서 폰 노이만은 탁상 계산기나 전문 계산자보다도 빠르고 정확하게 암산으로 계산을 했다고 합니다.

폰 노이만이 전자 계산기의 이론을 완성했을 때의 말이 또한 걸작입니다.

"이것으로 세계에서 두 번째로 계산을 잘 하는 녀석이 출현했다."

물론 첫번째는 자기를 두고 하는 말입니다.

가우스, 노이만의 경우를 보면 이들이 단순한 계산 능력을 가지고 있다는 것이 아니고, 수의 원리를 깊이 생각하는 능력이 있었음을 알 수 있습니다.

* **맨해튼 계획**
제2차 세계 대전 중에 이루어진 미국의 원자 폭탄 제조 계획.

재미있는 수의 세계

💡 모든 것은 돌멩이로 시작되었다.

사람들이 맨 처음 사용한 연모는 돌멩이었을 것입니다. 돌멩이를 이용하여 식물의 뿌리를 캐거나 동물들을 잡았을 게 분명합니다.

우리는 이러한 시대를 '석기 시대'라고 부릅니다.

수학도 이러한 돌멩이에서 시작되었습니다.

사람들이 행한 최초의 수학 활동은 서로 짝지어 보기(일 대 일 대응)이었을 것으로 생각됩니다.

예를 들어, 자기가 기르고 있는 양이나 소에게 풀을 뜯게 하려고 들에 나갈 때는, 양이나 소의 수만큼 돌멩

🔼 석기 시대의 유물

이를 주머니에 넣었다가 돌아올 때에는 다시 가축을 돌멩이와 대응시켜 보았을 것입니다. • 물론 이것은 추측입니다.

이 때 돌멩이가 남으면 가축이 모자라는 것이고, 반대로 가축이 남으면 남의 가축이 섞여 들어왔다는 것을 쉽게 알 수 있었을 것입니다.

그런데 점점 지혜가 깨이면서 무거운 돌멩이 대신에 나무 조각이나 뼈 조각, 돌 등에 물건의 개수만큼 금을 새겼는데, 이런 방법은 지금도 쓰이고 있습니다.

여기서 재미있는 것은 사람들이 개수만큼 금을 긋는 데도 점차 꾀가 생겨났다는 것입니다.

처음에는 '|||||'으로 나타내었지만, 나중에는 쉽게 셀 수 있도록 '￦' 표, 또는 '正' 표로 나타내었습니다.

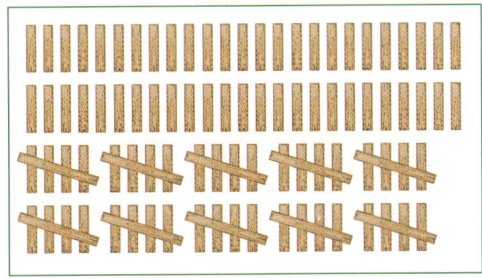

이렇게 사람들이 수를 5나 10으로 구분한 것은 사람의 손가락이 한쪽에 5개씩 모두 10개이기 때문일 것입니다. 학자들은 여기에서 10씩 셈을 하는 *십진법이 나온 것으로 추측하고 있습니다.

* **십진법**
  수를 셀 때, 수가 10이 될 때마다 단위를 하나씩 올려 세는 방법.

숫자의 탄생

돌멩이를 이용하여 셈을 하는 것은 여간 불편한 게 아니었습니다.

가축이 적을 때에는 괜찮겠지만, 가축의 수가 많아지면 돌멩이를 나르는 것도 큰 일이었을 것입니다.

이런 일은 금을 그어 나타낼 때도 마찬가지였습니다. 예를 들어 소 100마리를 나타낸다고 하면, 다음 두 가지로 나타내었을 것입니다.

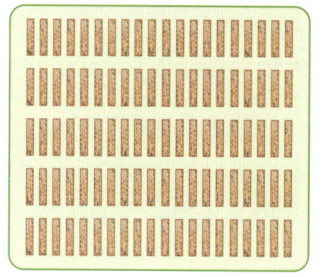

그런데 100보다 더 큰 천, 만, 십만, 백만 등의 수가 얼마든지 있습니다. 이런 수를 금으로 나타낸다고 하면 정말 힘들겠지요. 그래서 사람들은 숫자라는 기호를 만들어 쓰게 되었을 것입니다.

세계 4대 문명의 발상지

사람들은 지혜가 점점 깨이면서 큰 강가에 모여 살게 됩니다. 그 중 이집트의 나일 강 유역, 메소포타미아 지방의 티그리스 강과 유프라테스 강 유역, 인도의 인더스 강 유역, 중국의 황하 유역은 인류의 문명이 시작된 곳이라 하여 세계 문명 4대 발상지라고 합니다. 이 곳에서 숫자가 생겨나고 수학이 시작되었습니다.

※ 사람들이 큰 강가에 모여 살게 된 까닭
땅이 기름져 농사짓기가 편리하기 때문입니다.

☀️ 메소포타미아의 숫자

인류의 역사상 이 지구상에 맨 처음으로 나타난 숫자는 메소포타미아의 쐐기문자입니다. 이 문자는 진흙으로 만든 판에, 사물의 개수를 쐐기 모양의 기호로 새겨서 나타낸 것입니다.

이 문자는 쐐기 모양이 어떤 방향으로 쓰여 있는가에 따라 뜻이 달랐습니다.

즉, 단순하게 한 개를 나타내는 기호와 여러 개를 나타내는 기호는 쐐기의 방향이 달랐던 것입니다.

이 쐐기문자는 매우 편리하고 과학적이었습니다. 1부터 100까지의 수를 나타내는 기호는 다음과 같았습니다.

⬆ 쐐기문자

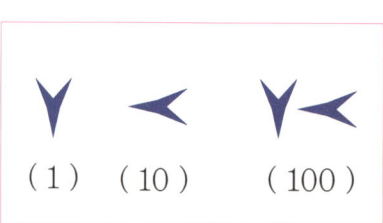

1, 10, 100은 각각 모양이 다르구나.

그리고 100을 넘는 수는 위의 세 기호를 결합하여 나타내었습니다.

'10000'을 쐐기문자로 나타내어 봅시다.

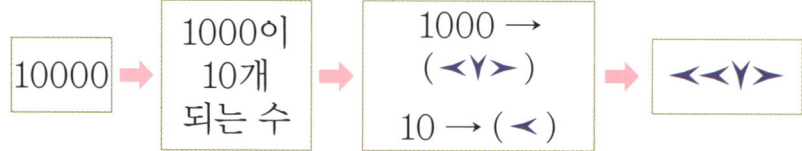

이집트의 숫자

이집트의 숫자도 메소포타미아의 쐐기문자와 비슷합니다.

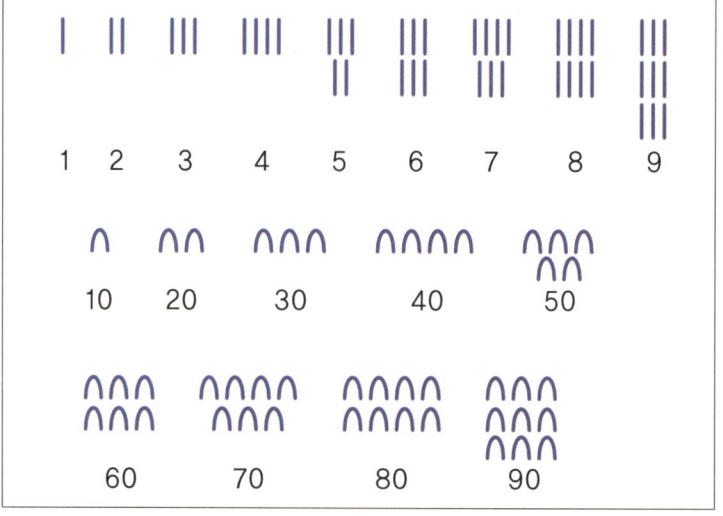

※ 고대 이집트 인은 장례의식 때 죽은 사람에게 음식과 음료를 제공했음. 물질적인 의식이 중단되더라도, 죽은 이가 부족함을 느끼지 않도록 넣어 준 부장품의 목록과 음식물의 수가 표시되어 있음.

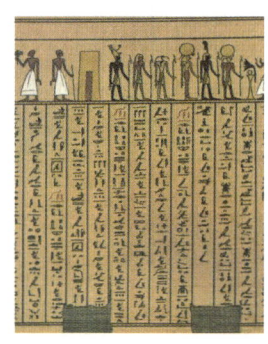

◎ 이집트 문자

이집트의 숫자는 모두 손가락을 본떠서 만들었다고 합니다.

1은 손가락 1개, 2는 두 개이고, 10은 양손을 합친 모양이라고 합니다. 두 손에는 모두 10개의 손가락이 있기 때문이지요.

그런데 재미있는 것은 100자리 이상의 숫자가 지니고 있는 뜻입니다.

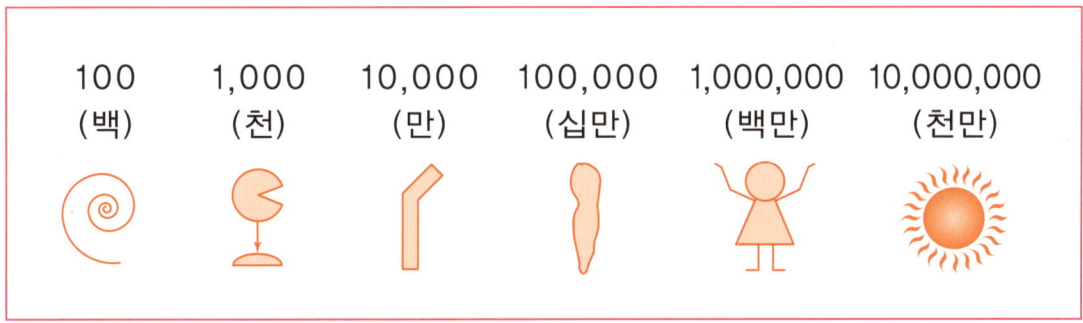

| 100
(백) | 1,000
(천) | 10,000
(만) | 100,000
(십만) | 1,000,000
(백만) | 10,000,000
(천만) |

이 숫자는 고대 이집트 사람들이 측량을 할 때 쓰던 새끼줄을 본뜬 모양이라고 합니다. 당시 측량용의

새끼줄은 백 단위의 길이였기 때문에 이 새끼줄로 백을 나타낸 것입니다. 그런데 어떤 사람들은 이것을 야자나무 잎을 둥글게 나타낸 것이라고도 합니다. 야자나무에는 작은 잎이 많이 붙어 있기 때문이지요.

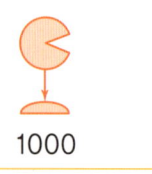
1000

천을 나타내는 이 숫자는 연꽃 모양을 본뜬 것입니다. 나일 강에는 연꽃이 많이 피어 있기 때문에 이것으로 많은 수(천)를 나타낸 것입니다.

10,000

만 자리를 나타내는 이 숫자는 하늘의 별을 가리키는 집게손가락의 모양이라는 말도 있으나, 그보다는 나일 강변에 자라고 있는 갈대(파피루스)의 싹이라고 하는 편이 옳습니다.

100,000

십만을 나타내는 이 숫자에 관해서는 여러 가지 설이 있습니다. 그 중에서 올챙이라고 하는 설이 그럴 듯합니다. 그것은 올챙이는 한 곳에 많이 오글오글 모여 있기 때문입니다.

왼쪽 그림은 백만을 나타내는 숫자입니다. 너무나 큰 수이기 때문에 사람이 놀라서 손을 번쩍 든 모양이라고 합니다.

왼쪽 그림은 태양의 모습을 그린 것으로 천만을 나타냅니다.

이 그림은 신을 뜻한다고 하며 사람의 지혜로는 헤아릴 수가 없는 수, '무한대'를 뜻하기도 합니다.

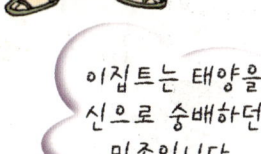

💡 인도의 숫자 – 인도·아라비아 숫자

오늘날 우리가 쓰고 있는 1, 2, 3, 4, …와 같은 숫자를 아라비아 숫자라고 합니다. 그런데 이 숫자는 지금으로부터 약 2000년 전에 인도에서 만들어졌습니다. 그것을 *아라비아 상인들이 인도와 유럽을 오가며 사용하게 되었습니다. 그러자 이 인도 숫자는 유럽으로 전해지고 온 세계에 퍼지게 되었습니다.

이 때 유럽 인들은 이 숫자를 아라비아 인들이 만든 줄 알고, 아라비아 숫자라고 부르게 되었던 것입니다.

그 후, 이 숫자를 인도 사람이 만들어 냈다는 것이 밝혀지자, 인도·아라비아 숫자라고 고쳐 부르게 되었습니다.

*아라비아
아시아 대륙 남서부 지역을 이르는 말. 이란, 이라크, 사우디아라비아 등의 나라가 있음.

이 인도·아라비아 숫자 역시 물건의 개수를 나타내는 것에서 비롯되었습니다.

막대가 하나	┃	→ 1
막대가 둘	= → =	→ 2
막대가 셋	≡ → ≡	→ 3
막대가 넷	✛ → ✛	→ 4
막대가 다섯	ㄅ	→ 5
막대가 여섯	ㅁ	→ 6
막대가 일곱	8(⊟)에서 막대 한 개를 뺀 모양 ⊟	→ 7
막대가 여덟	⊟	→ 8
막대가 아홉	⊟ → B	→ 9

숫자 0의 위력

앞에서 알아본 여러 숫자 중 오늘날 세계 사람들이 공용으로 쓰이는 숫자가 바로 인도·아라비아 숫자입니다.

뭐든지 자기네 것이 최고라고 고집을 하는 세계 여러 나라 사람들이 군말없이 인도·아라비아 숫자를 사용하는 까닭은 무엇일까요?

다름 아닌 인도·아라비아 숫자에는 '0'이란 숫자가 있기 때문입니다. 이 '0'이 있기 때문에 인도·아라비아 숫자는 열 개(0부터 9)의 숫자로 그 어떤 수를 나타낼 수 있으며, 계산하기에도 편리한 것들입니다.

	메소포타미아	중국
24 + 16	≪ ᐯᐯᐯᐯ + ◁ ᐯᐯᐯᐯᐯᐯ	二十四 + 一十六

💡 수의 크기

앞장 '수의 세계'에서 나온 내용 중 이집트 인들은 백만(1,000,000)을 너무나 큰 수이기 때문에 사람이 놀라서 손을 번쩍 든 모양으로 나타내었다고 하였습니다.

이것을 보고, '겨우 백만이 뭐가 크다고 놀랄까?' 하며 고개를 갸우뚱하는 어린이들이 있을 것입니다.

사실 100만은 엄청나게 큰 수입니다. 그래서 옛날에는 굉장히 큰 부자를 '*백만 장자'라고 부르고, 엄청나게 많은 군사들을 '백만 대군'이라고 했습니다.

그러던 것이 사람의 수가 점점 많아지고 문명이 발달함에 따라 숫자의 단위가 점점 커지게 된 것입니다.

'1억'은 보통이고 '1조', '10조' 등의 숫자도 많이 쓰이게 되었습니다.

*백만 장자
재산이 매우 많은 사람. 큰 부자.

그럼, 옛날 사람들이 그렇게 크게 생각한 '백만'이란 수를 '1, 2, 3, 4, 5, …' 식으로 센다면 얼마나 걸릴까요?

> 모든 수는 1초에 센다고 칩니다. 수가 커져서 '일만 오천칠백구십구'와 같이 긴 숫자도 1초에 센다고 생각합니다. 그리고 하루에 10시간씩 셉니다.

*10시간
1시간=60분
1분=60초
그러므로
1시간=3600초
10시간=36000초

*10시간은 36000초입니다. 이것을 기준으로 하여 100만을 센다고 하면, 약 28일로 거의 한 달 가까이 걸리게 됩니다. 굉장하지요? 그럼 똑같은 방법으로 '1억'을 세려면 얼마나 걸릴까요?

💡 수학 기호의 탄생

수학에서는 숫자와 마찬가지로 서로 약속된 기호도 세계 공용으로 사용되고 있습니다.

이러한 기호는 대부분 유럽에서 만들어졌습니다. 그 까닭은 옛날 동양(한국, 중국, 일본)에서는 수학이라는 학문을 그다지 중요하게 생각하지 않았기 때문입니다.

그런데 재미있는 것은 수학의 기호들은 제각기 다른 시대에 태어났다는 것입니다.

수학의 여러 가지 기호 중 우리들이 많이 사용하고 있는 '+', '-', '=', '×'. '÷'가 생겨난 유래에 대해 알아봅시다.

* 비트만(1462~1498)
　독일의 수학자. 1489년 비트만이 쓴 산술책에 처음으로 나타나 있음.

⊕ ⊖ '+'와 '-'를 처음 수학 기호로 사용한 사람은 1489년 독일의 *비트만입니다. 그런데 비트만은 '+'는 '남는다', '-'는 '모자란다'는 뜻으로 사용하였습니다.

지금처럼 '+'를 '더한다', '-'를 '빼다'라는 뜻으로 사용한 사람은 프랑스의 *비에타입니다.

* 비에타(1540~1603)
　프랑스의 수학자. 법률가이고, 여가로 수학을 즐겼지만 당시의 프랑스가 낳은 최대의 수학자임.

'+'가 '더하기', '-'가 '빼기'가 된 이야기

| + | 라틴어에서 「그리고」, 「게다가」라는 뜻인 「et(에트)」가 「+」가 되었다고 전해집니다.

| - | 「-(마이너스)」는 포도주를 파는 통에 술이 점점 줄어드는 만큼 눈금을 그려서 '-'라는 표시를 했다는 데서 비롯되었다고 합니다.

* 오트레드(1574~1660)
　영국의 수학자. 수학적 기호를 강조하면서 150개가 넘는 수학 기호를 도입함.

 '×'를 '곱한다'는 뜻으로 처음 사용한 것은 1631년 영국의 *오트레드입니다.

그런데 오트레드가 처음 '곱하기' 기호로 사용한 '×'는 지금보다 작았습니다. 그 까닭은 '×'가 알파벳의 'X'와 혼동되는 것을 피하기 위함이었다고 합니다. 그러나 지금은 그런 걱정이 없어졌는지 문자와 같은 크기로 쓰이고 있습니다.

5×8
오트레드

↓

5×8
오늘날

그 후 30년쯤 후인 1659년 스위스의 하인리히 란이 '÷' 기호를 발명해 냈습니다.

= '등호'는 '같다'는 표시입니다. 이 기호는 1557년 영국의 레코드가 발명하였습니다. 그런데 레코드가 처음 사용한 등호는 지금처럼 짧지 않고 길었습니다.

2+2 ══════ 4

이것이 점점 짧아서 오늘날의 등호(=)로 바뀌었습니다.

평행하는 두 개의 직선만큼 같은 것은 없어. 그래서 그 평행선으로 등호를 만든 거지.

'+'와 '-'가 제일 먼저 탄생했구나.

그래. 그 다음이 '='야.

이상하지. '×'와 '÷'는 각각 다른 사람이 탄생시켰어.

수학과 단위

수학 공부 중 우리 생활과 밀접한 것이 바로 '길이, 넓이, 무게, 들이, 시간' 등에 관한 공부입니다. 이런 공부를 할 때 우리를 괴롭히는 것이 바로 단위입니다.

단위를 '도량형'이라고 하는데, 이것이 통일되지 않았던 옛날에는 사람들을 매우 혼란스럽게 했습니다.

1큐빗 : 약 50cm 정도.
1평 : 약 3.306m²
1인치 : 약 2.35cm

이런 일은 세계 곳곳에서 일어났습니다. 길이, 무게, 넓이도 마찬가지입니다.

그래서 지금으로부터 약 200년 전에 온 세계 사람들이 공용으로 쓸 수 있는 표준 도량형을 정했습니다. 이것이 바로 '미터법' 입니다.

길이 1미터

지구 둘레의 4천만 분의 1의 길이

기호	읽는 법	길이(1m를 기본으로 하여)
km	킬로미터	1000(천 배)
m	미터	1(기본으로 하는 길이)
cm	센티미터	0.01(백분의 1배)
mm	밀리미터	0.001(천분의 1배)

무게 1kg

온도가 섭씨 4도일 때 가로, 세로, 높이가 10cm인 물의 무게

기호	읽는 법	무게(1kg을 기준으로)
t	톤	1000(천 배)
kg	킬로그램	1(기준 무게)
g	그램	0.001(천분의 일 배)
mg	밀리그램	0.000001(백만분의 일 배)

위대한 수학자들

💡 피라미드의 높이를 잰 탈레스

탈레스는 기원전 640년부터 546년까지 소아시아 밀레투스에서 살았던 것으로 전해집니다. 탈레스는 어린 시절에 가게 점원으로 일하였는데, 이 때의 유명한 이야기가 바로 '꾀부리는 당나귀 길들이' 입니다.

*문물
학문, 예술, 종교 따위 문화의 산물.

*제사장
옛날 종교에 관한 일을 맡아 보던 사람들의 우두머리.

청년이 된 탈레스는 어엿한 상인으로 독립하여 여러 나라를 돌아다니며 장사를 하였습니다. 어느 해 탈레스는 그 당시로는 *문물이 아주 발달한 이집트에 갈 기회가 생겼습니다.

이집트의 *제사장들은 탈레스에게 자기 나라의 놀라운 수학 실력을 자랑하기 위해서 피라미드를 구경시켜 주었습니다.

"저 피라미드는 우리 조상들이 수천 년 전에 쌓은 것입니다. 저렇게 웅장한 것을 한 치의 어긋남도 없이 쌓았으니, 얼마나 놀라운 일입니까?"

"정말 놀랍군요. 그런데 저 피라미드의 높이는 얼마나 되지요?"

"글쎄요……. 아직 조사한 사람이 없어서 잘 모르겠어요."

"제가 조사하여 알려 드릴까요?"

"뭐요, 당신이?"

"그렇습니다. 잠시만 기다려 주십시오."

🔼 이집트의 피라미드

탈레스는 모래 바닥에 자기의 지팡이를 꽂고, 그 그림자의 길이와 피라미드 그림자의 길이를 비교하여 피라미드 높이를 알려 주었습니다.

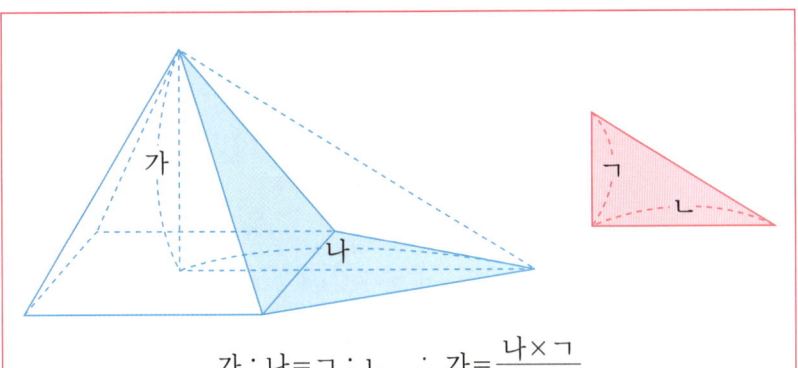

가 : 나 = ㄱ : ㄴ   ∴ 가 = $\frac{나 \times ㄱ}{ㄴ}$

탈레스는 닮은꼴의 원리를 이용하여, 피라미드의 그림자를 보고, 그 높이를 정확히 계산했습니다.

제사장은 탈레스가 피라미드의 높이를 그렇게 빨리 계산해 내는 데 깜짝 놀랐습니다.

그 당시 이집트에는 수학과 천문학이 매우 발달하여 거기에 관련된 책이 매우 많았습니다.

이것을 안 탈레스는 책을 보관하고 있는 *사원의 신관이나 제사장들에게 간곡하게 사정하였습니다.

"멀리 그리스에서 소문을 듣고 찾아왔습니다. 이 곳에 아주 귀한 책이 있다는데, 한 번만이라도 좋으니 읽게 해 주십시오."

*사원
절. 사찰. 종교 행사를 행하던 곳.

"그건 아무나 보여 주는 게 아니오. 그리고 당신 같은 사람은 봐도 무슨 내용인지 몰라요."

그렇지만 탈레스의 끈질긴 청에 못이겨 *신관들은 허락하고 말았습니다. 가까스로 허락을 얻어 낸 탈레스는 그 책의 내용에 감탄하여 내용을 전부 이해할 때까지 그 곳에서 공부를 계속하였습니다.

탈레스의 위대한 점은 여러 가지 있지만, 뭐니뭐니 해도 그가 '증명'이라는 과정을 이용하여 지식의 옳고 그름을 확실하게 밝혀낸 최초의 수학자였다는 데 있

* 신관
종교에 관한 일을 맡아보는 사람.

습니다. 그가 공부를 했던 이집트 사람들은 경험과 실험을 통해 많은 지식을 알고 있었지만, '왜 그런지'를 생각하지 않았던 것입니다. 즉, 이치를 생각하지 않았던 것입니다. 그래서 이집트 수학은 더 이상 발전하지 못했던 것입니다.

그런데 탈레스는 *증명이라는 과정을 통하여 '왜 그런지'를 밝혀 낸 것입니다. 탈레스의 이런 학문 방법은 그리스 학문을 급속하게 발전시키는 원동력이 되었습니다.

* **증명**
어떤 사실이나 결론이 참인지 아닌지를 밝히는 일.

피타고라스

피타고라스는 기원전 582년경에 그리스의 식민지였던 사모드 섬에서 태어났습니다.

피타고라스는 탈레스보다 50세 정도 어렸는데, 그가 학문을 배우게 된 것은 아래 그림과 같은 일 때문이라고 합니다.

그 학자의 격려를 받은 피타고라스는 곧 고향을 떠나 여러 곳을 돌아다니며 수학을 배웠습니다.

그 후 그리스의 항구 도시 클로톤에 학교를 세우고 철학, 수학, 자연 과학 등을 가르쳤습니다. 이곳의 학생들은 자신들이 보통 사람들과는 다른 특별한 존재라는 것을 과시

하기 위하여 가슴에 별 모양의 휘장을 달고 다녔는데, 이들을 피타고라스 학파라고 불렀습니다.

이들에겐 많은 규칙이 있었습니다. 수업을 할 땐 기록을 남기지 말고 반드시 말로만 할 것, 학교에서 배운 것은 절대 밖에서 이야기하지 말 것 등 여러 가지가 있습니다. 그 중 수학과 전혀 관계 없는 다음과 같은 규칙도 있었다고 합니다.

※ 콩과 흰 수탉은 완전함을 상징한다고 믿음.

※ 불이 진리의 상징이라고 믿음.

콩을 먹지 말라.
빵을 나누지 말라.
쇠붙이로 불을 휘젓지 말라.
흰 수탉을 만지지 말라.
동물의 심장을 먹지 말라.
불빛 옆에서 거울을 보지 말라.
잠자리에서 일어날 때는 몸자국을 남기지 말라.
불에서 냄비를 들어낸 뒤에는 반드시 재를 다시 섞어라.

피타고라스의 가장 큰 업적은 다음과 같은 사실을 알아 내고 이를 증명했다는 것입니다.

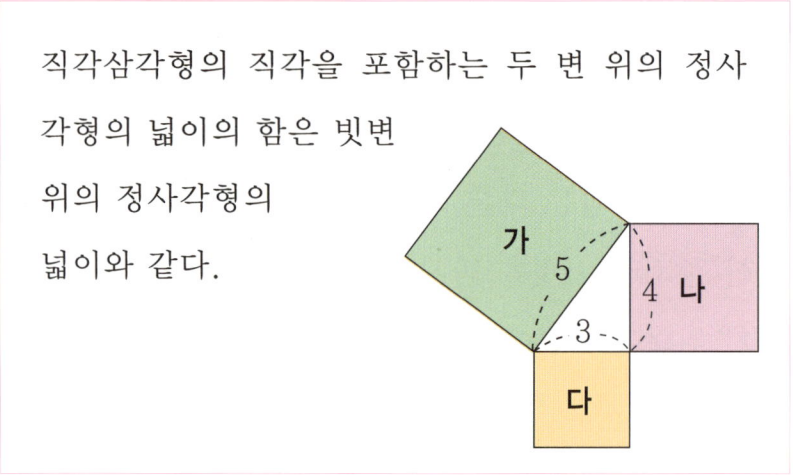

직각삼각형의 직각을 포함하는 두 변 위의 정사각형의 넓이의 합은 빗변 위의 정사각형의 넓이와 같다.

이것을 **피타고라스의 정리**라고 합니다.

전해 오는 이야기에 따르면 피타고라스는 길에 깔린 타일을 보고, 힌트를 얻었다고 합니다.

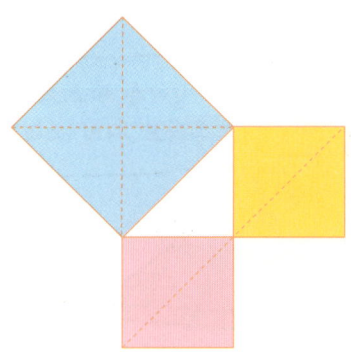

위 그림에서 파란색 정사각형에는 4개의 직각삼각형이 있고, 노란색과 빨간색 정사각형에는 각각 2개의 직각삼각형이 있는 것으로 보아 피타고라스의 정리는 맞는 것입니다.

이 정리를 발견한 피타고라스는 너무나 기쁜 나머지 황소 100마리를 신에게 바치기로 했습니다.

그런데 피타고라스는 영혼은 죽지 않으며, 모든 생명은 계속 이어진다는 *윤회설을 믿기 때문에, 살아 있는 소가 아닌 밀가루로 만든 소를 바쳤다고 합니다.

* **윤회설**
차례로 돌아감.
죽은 후에 사람이나 다른 생물로 다시 태어남.

피타고라스는 수학뿐만 아니라, 음악에도 뛰어난 재능을 보였습니다.

피타고라스는 팽팽하게 만든 줄을 퉁겼을 때 줄의 길이와 음의 높이 사이에는 일정한 규칙이 있다는 것을 알아 내었습니다.

즉, 긴 줄의 처음 음이 '도'였다면 그 줄의 길이를 반으로 줄이면 7도 높은 한 옥타브 높은 '도'가 되고, $\frac{2}{3}$ 되는 지점을 누르고 긴 쪽을 퉁기면 '솔'의 음이 된다는 것입니다.

이렇게 재능이 많은 피타고라스였지만, 너무나 자기 주장만을 내세우는 일이 많아서 다른 사람들과 화합하지 못하는 경우가 많았습니다.

그런가 하면, 자기 학교에서 연구한

모든 내용은 피타고라스 한 사람의 이름으로만 발표하였습니다. 그래서 지금도 피타고라스가 발견하고 정리했다는 여러 가지 증명이나 정리가 정말 피타고라스가 발견했는지 아니면 그 제자들이 발견했는지 알 수가 없습니다.

그리고 자기들 피타고라스 학파가 발표한 내용 중 잘못된 점을 찾아 내고서도 그것을 비밀로 하고 절대 말하지 못하도록 명령하였습니다.

전해 오는 이야기에 의하면 이 명령을 어긴 히파수스라는 피타고라스 학파의 한 사람이 동료들에게 죽음을 당했다고 합니다.

피타고라스는 세상의 만물은 수의 한계에 따라서 질서와 조화를 이룬다고 주장하였습니다. 그래서 우주를 질서의 뜻을 가진 '코스모스'로 이름을 지었습니다.

🔆 아킬레우스와 거북의 경주 – 제논

탈레스와 피타고라스와 같은 뛰어난 학자들 덕분에 고대 그리스에는 많은 철학자들과 수학자들이 배출되어 활약하게 됩니다. 사람들은 이들을 '지식인'이라는 뜻으로 '소피스트'라고 불렀습니다.

그런데 이 소피스트들 중에 너무 현실과 동떨어진 주장이나 학설을 펴는 사람들이 많아 '소피스트'라는 호칭이 얼토당토않은 궤변을 펴는 '궤변론자'라는 뜻으로 쓰이게 되었습니다.

제논은 기원전 490년경에 태어나 기원전 430년경까지 살았던 것으로 추측되는 학자입니다. 그는 어떤 문제에 대해 *논쟁을 벌이기 좋아했다는 것 이외에는 그의 일생에 대해서 알려진 것은 거의 없습니다.

이런 제논의 주장은 수세기 동안 수학자들의 머리를 아프게 했습니다. 그것은 제논의 주장이 잘못되었다는 것을 뻔히 알면서도 그것을 뒷받침할 만한 근거를 들어 *반론하지 못했기 때문입니다.

제논의 주장 중에는 다음과 같은 것이 있었습니다.

* **논쟁**
서로 다른 의견을 가진 사람이, 각각 자기의 설을 주장하며 다툼.

* **반론**
남의 의견에 대하여 반대 의견을 말함, 또는 그 의견.

그러나 제논의 설명은 다릅니다.

> 경주하는 거리의 절반 지점쯤에 거북을 앞세운 뒤, 달리기 경주는 시작된다. 그래서 아킬레우스가 처음 거북이 출발했던 곳에 다다르면 거북은 얼마만큼 앞서 나간다. 그리고 다시 아킬레우스가 거북이 있던 곳에 또 다다르면 거북이는 역시 또 앞서 있다.
>
> 이런 식으로 계속하면 아킬레우스가 거북이 있던 곳에 도착할 때마다 거북은 조금씩 앞서 있기 때문에 아킬레우스는 절대 거북을 따라잡을 수 없다.

이와 같이 사실은 잘못된 것인데도 논리적으로는 옳은 것처럼 보여 사람을 혼란시키는 표현을 '역설'이라고 합니다.

이것이 바로 그 유명한 '아킬레우스와 거북의 경주'입니다.

☀ 학문에는 왕도가 없다! – 유클리드

'왕도'란 '왕이 다니는 길'이라는 뜻으로, 보통 사람들과 달리 쉽고 빠르며 편안하게 일을 처리하거나 특별한 대우를 받는 경우를 가리킵니다. 그러므로 '학문에는 왕도가 없다'는 것은 학문을 배우는 방법은 누구에게나 똑같아 열심히 노력하는 것 이외는 없다는 뜻입니다.

↑ 유클리드의 원론 표지

이 말을 한 사람은 고대 그리스의 수학자 유클리드입니다.

유클리드는 기원전 300년경에 활약했던 수학자로 '수학의 성서'라고 불리우는 '원론'을 쓴 사람입니다. 실제로 인류 역사상 가장 많이 팔린 책이 '성서'와 '원론'이라고 합니다.

이렇게 수학 역사상에서 가장 유명한 업적 중의 하나인 이 유클리드의 '원론'은 유클리드 자신의 학설과 그 이전의 수학자들의 업적을 모두 모아 순서대로 *논리에 맞게 쓴 책입니다.

이 책이 얼마나 유명하고 훌륭한 것인가는 오늘날의 수학 교과서에 '원론'의 내용이 그대로 실려 있다는 것으로도 충분히 알 수 있습니다.

*논리
생각, 주장 따위를 끌고 나가는 조리.

유클리드가 살았을 당시 수학 연구의 세계적 중심지는 이집트의 알렉산드리아였으며, 당시 이집트 왕인 프톨레마이오스도 유클리드에게 수학을 배웠습니다.
　어느 날, 왕이 유클리드에게 물었습니다.

　이 말은 쉽고 편한 방법으로 공부를 하려는 오늘날의 사람들도 가슴 속 깊이 새겨 두어야 할 말입니다.

☀️ 유레카! 유레카! - 아르키메데스

'유레카'는 그리스 말로 '찾았다' 또는 '알았다'는 뜻입니다. 이 평범한 말을 아주 유명하게 만들어 놓은 사람이 있으니, 그가 바로 아르키메데스입니다.

아르키메데스는 기원전 287년경에 *시칠리아 섬의 *시라쿠사에서 태어났습니다.

그 무렵의 시라쿠사는 그리스의 한 식민지 도시 국가였습니다.

아르키메데스는 청소년 시절 당시 세계 문화의 중심지였던 이집트의 알렉산드리아에 가서 수학과 천문학, 지리 공부를 하였습니다.

그 뒤 그는 고향인 시라쿠사에 돌아와 히에론 왕의

* **시칠리아 섬**
지중해 중앙에 있는 섬.

* **시라쿠사**
이탈리아 시칠리아 섬 남동쪽에 있는 도시.

궁중에 드나들면서 과학과 기술에 대한 연구를 하였습니다. 특히 그가 열심히 연구한 것은 수학과 *역학 및 기계 기술이었습니다.

하루는 히에론 왕이 금덩어리를 기술자에게 주고 왕관을 만들어 오라고 하였습니다. 그런데 그 기술자는 왕으로부터 받은 금을 전부 쓰지 않고 은을 섞어 만들어 왕에게 바쳤습니다. 그 사실을 눈치 챈 한 신하가 왕에게 고해 바쳤습니다. 왕은 곧 그 왕관의 무게를 달아 보게 하였습니다.

그런데 무게는 조금도 틀림이 었었고, 겉으로 보아서는 도저히 알 수가 없었습니다. 궁리 끝에 왕은 아르키메데스에게 *진상을 알아 내도록 부탁했습니다.

*역학
물체 사이에 작용하는 힘과 물체의 운동과의 관계를 연구하는 물리학의 한 부문.

*진상
사물이나 현상의 참된 모습이나 내용.

97

아르키메데스는 아무리 머리를 짜내어 궁리해 보았으나 좋은 생각이 떠오르지 않았습니다.

그러던 어느 날 아르키메데스는 목욕탕에 갔습니다.

물이 가득 찬 탕 속으로 들어가 몸을 푹 담갔습니다. 그러자 탕에 가득 찼던 물이 밖으로 넘쳐 흘렀습니다.

이 때 아르키메데스의 머리를 번개처럼 스치는 것이 있었습니다.

'맞아! 무게가 같더라도 부피는 다르다!'

아르키메데스는 더 이상 물 속에 들어앉아 있을 수가 없었습니다.

그는 너무나 기뻐 물 속에서 뛰어나와 벌거벗은 채로 '유레카, 유레카!'라고 소리치며 목욕탕에서 뛰어나와 집으로 달려갔습니다.

집에 돌아온 아르키메데스는 실험실에 틀어박혀 연구에 몰두하였습니다. 왕관을 넣었을 때 넘친 물의 양과 왕관과 같은 무게의 금덩이를 물에 넣었을 때 넘치는 물의 양을 비교해 보았습니다. 그 결과 왕관을 넣

었을 때 넘친 물의 양이 더 많다는 것을 알아 내었습니다. 그것은 왕관에 금보다 더 가벼운 금속 즉, 은을 섞었다는 증거입니다.

그래서 크기(부피)가 커진 것입니다.

사람들은 아르키메데스가 발견한 이 원리를 이용하여 여러 가지 물질의 비중을 재는 방법을 알 수 있게 되었고, 배가 뜨는 원리도 알게 되었습니다.

아르키메데스의 재주는 아주 많았습니다.

나사의 원리를 이용하여 물을

*양수기
물을 높은 곳으로 퍼올리는 기구.

퍼올리는 *양수기를 발명하였고, 도르래와 지레를 이용하여 작은 힘으로 큰 물체를 움직이게도 하였습니다.

한번은 히에론 왕이 이집트에 주려고 배를 만들었습니다. 그런데 배가 너무 무거워 바다에 띄울 수 없어 걱정을 하고 있었습니다. 이것을 안 아르키메데스는 2개의 도르래를 써서 기계 장치를 만들고 있습니다. 그리고는 이 장치의 밧줄 한쪽 끝을 왕에게 주면서 잡아당기도록 하여 그 배를 쉽게 바다에 띄웠습니다.

아르키메데스가 기계를 만드는 솜씨도 천재적이었으나, 기계를 만드는 일보다는 기계의 원리를 찾는 과학적인 연구에 더욱 힘을 기울였습니다.

즉, 기술적인 발명보다는 과학적인 원리 발견에 더 힘을 기울인 것입니다.

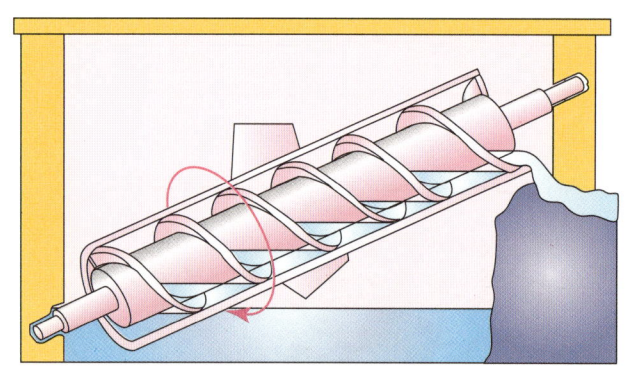
◐ 아르키메데스가 만든 양수기의 원리

아르키메데스가 남긴 책 중에 **원의 측정에 대하여**라는 것이 있습니다. 이 책에서 아르키메데스는 원의 원주율 π(파이)의 값을 계산하는 방법을 보여 주고 있습니다. 그는 π(파이)의 값이 3.141에서 3.142 사이에

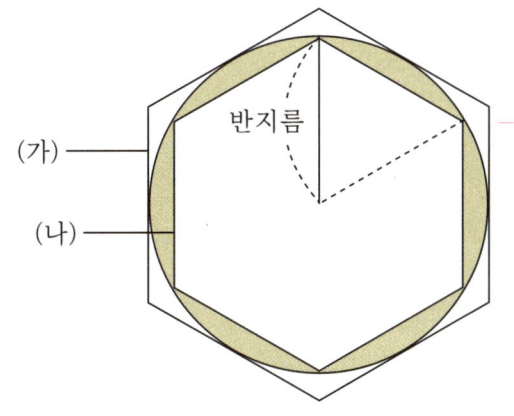

(가)
(나)
반지름

원 밖에 있는 육각형 (가)와 원 안에 있는 육각형 (나)를 계속 원의 둘레에 일치되도록 했을 때 원의 지름에 대한 원의 둘레의 비율은 약 3.14가 됨.

있다는 것을 계산해 내었습니다.

아르키메데스가 일흔이 넘었을 무렵, 그를 신임하던 히에론 왕과 친했던 벗들이 이미 세상을 떠나 외롭게 지냈습니다.

새로 즉위한 왕은 성급한 야심가여서 로마 제국과 전쟁을 일으켰는데, 이것이 고대 역사에서 널리 알려진 '*제2포에니 전쟁'입니다. 결국 시라쿠사는 로마 제국의 장군 마르켈루스가 이끄는 군대에 짓밟힐 위기에 놓이게 되었습니다.

아르키메데스는 조국을 지키기 위해 새로운 무기를 만들어 내기에 정신이 없었습니다. 기중기를 만들어 적의 군함을 높이 들어올렸다가 떨어뜨려 박살을 내는가 하면, *투석기를 만들어 적의 군함에 큰 돌을 쏘

*제2포에니 전쟁
로마와 카르타고와의 전쟁.

*투석기
돌을 멀리 날려 보내는 기계.

기도 했습니다. 그리고 성벽을 기어오르는 적에게 창이며 자갈을 쏘는 도구를 만들어 적을 물리치기도 했습니다. 그래서 로마의 장군 마르켈루스는 아르키메데스를 가리켜 '100개의 손을 가진 거인'이라고 감탄하였습니다.

그러나 적군도 만만치 않았습니다. 마르켈루스는 시라쿠사 성을 포위한 채 시간을 끌었습니다. 결국 시라쿠사 성 안에 양식이 떨어져 적에게 함락되고 말았습니다.

성이 함락된 후에도 아르키메데스는 학문 연구에 몰두하였습니다.

어느 날 아르키메데스는 마당에다 *구에 *외접하는 원통의 도형을 그려 놓고 연구에 골몰하고 잠겨 있었습니다.

그 때 로마 병정들이 집 안으로 들어와 아르키메데스가 그린 그림을 짓밟았습니다.

아르키메데스는 도형을 들여다본 채로 크게 나무랐습니다.

"이놈들! 내 그림을 밟지 말라."

이 말을 들은 로마 병정은 화를 내며 칼을 뽑아 아

* **구**
  공 모양으로 생긴 둥근 물체, 또는 그런 모양.

* **외접**
  바깥 부분이 닿음.

르키메데스를 찔러 죽이고 말았습니다.

 이 소식을 전해 들은 로마의 장군 마르켈루스는 아르키메데스의 죽음을 안타까워하며 정성스럽게 장사를 지내 주었습니다. 그리고 그의 무덤 앞에 원통과 구를 새긴 비석을 세워 주었습니다.

🔆 그래도 지구는 돈다. - 갈릴레이

갈릴레오 갈릴레이는 1564년에 피사의 사탑으로 유명한 이탈리아의 피사에서 태어났습니다. 그의 아버지 빈첸초는 원래 귀족이었으나, 그 무렵에는 가난하여 의복 장사를 하고 있었습니다.

10세 되던 해에 피렌체로 이사를 간 갈릴레이는 그 곳 초등 학교에서 수학을 비롯해 라틴 말과 그리스 말, 논리학 등을 배웠는데, 갈릴레이는 특히 수학과 공작을 좋아했습니다.

아버지는 갈릴레이가 의사가 되기를 바랐습니다. 그 당시에는 돈벌이가 잘 되는 직업이 의사였기 때문이었습니다. 그리하여 17세 때 갈릴레이는 의학을 공부하기 위해 피사 대학에 들어갔습니다.

⬆ 피사의 사탑

피사 대학에서 의학 공부를 시작한 갈릴레이는 시간을 재는 일에 대해서 나름대로 연구를 하였습니다.

그 당시에도 기계 시계가 있었지만 오늘날처럼 정확하지 않았습니다. 해시계나 모래 시계 그리고 물시계 등은 긴 시간을 재는 데는 긴요하게 쓰였지만, 맥박을 잴 때와 같이 짧은 시간을 재어야 할 때는 별 도움을 주지 못하였습니다.

짧은 시간을 재는 데 무엇을 기준으로 하면 좋을 것인가를 생각하던 갈릴레이는, 어느 날 천장에 매달린 램프가 규칙적으로 흔들리는 것을 발견하였습니다.

이것이 물리학의 커다란 업적으로 평가받고 있는 *진자(흔들이)의 등시성입니다.

갈릴레이는 이 원리를 이용하여 진자 시계를 만들려고 하였으나, 뜻을 이루지 못하였습니다.

그러나 의학 공부를 그만두고 본격적으로 수학과 과학에 대해 연구하기 시작하였습니다.

갈릴레이는 25세 되던 해부터 피사 대학의 수학 교수로 있으면서 과학 연구를 계속하였습니다.

* 진자의 등시성
흔들이가 흔들리는 폭에 관계 없이 일정한 시간에 똑같이 흔들리는 성질.

105

그리하여 그 당시 사람들이 진리로 믿고 있던 '떨어지는 물체의 속도는 그 무게에 비례한다'는 아리스토텔레스의 말이 잘못되었다는 것을 알아 내었습니다.

갈릴레이는 확실한 실험을 통해 나타난 증거만을 믿었습니다. 아무리 유명한 학자의 말이라도 덮어 놓고 믿지는 않았습니다. 즉, 실험을 통하여 얻은 지식만이 정확한 지식이라고 생각하였습니다.

이런 갈릴레이의 연구 방식은 사람들의 미움을 받게 되었습니다. 결국 갈릴레이는 피사 대학에서 파도바 대학으로 자리를 옮겨야 했습니다.

갈릴레이는 파도바 대학에서 19년 동안 오로지 연구에만 열중하여 새로운 사실들을 많이 발견하였습니

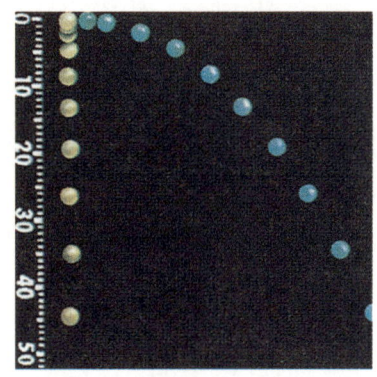

◐ 물체의 낙하 운동 – 두 물체가 똑같은 속도로 떨어집니다.

◐ 낙하의 법칙 – 진공 상태에서는 무거운 동전이나 가벼운 깃털이 모두 똑같은 속도로 떨어집니다.

다. 그리하여 그의 이름은 널리 알려지게 되었고, 유럽 여러 곳에서 그의 강의를 듣기 위하여 파도바 대학으로 사람들이 몰려왔습니다.

그런데 1610년, 그 전에 신세진 적이 있는 *피렌체의 토스카나 대공에게서 편지가 왔습니다. 자기 자식들의 가정 교사가 되어 마음놓고 연구하는 게 어떻겠냐는 내용이었습니다.

갈릴레이는 오직 연구만 몰두하고 싶어서 파도바의 친구들과 시민들이 말리는 것을 뿌리치고 피렌체로 떠났습니다.

피렌체에는 자기의 새로운 학문을 반대하는 사람이

* **피렌체**
이탈리아 중부, 토스카나 주의 중심 도시.

많다는 것을 잘 알고 있었지만, 그는 학문 연구에만 몰두하면 별일이 없을 것이라고 생각하였습니다.

그런데 이것이 잘못된 생각이었습니다.

갈릴레이가 쓴 천문 대화라는 책이 나오자, 그를 싫어하는 사람들은 책의 내용을 문제삼아 교황청에 고발하였습니다.

사실 갈릴레이가 펴낸 책에는 그 *당시 교회의 주장과 반대되는, 지구가 태양의 주위를 돈다는 지동설에 대한 내용이 실려 있었습니다.

결국 갈릴레이는 판사가 시키는 대로, 지동설을 주장하거나 가르치지 않겠다는 맹세를 하고 풀려나게

* **당시 교회의 주장**
태양이 지구 주위를 돈다는 천동설이 옳다고 주장함.

되었습니다. 그러나 그는 자리에서 일어나며 저 유명한 말인 그래도 여전히 지구는 돌고 있다라고 중얼거렸다고 합니다.

재판을 받고 나온 갈릴레이는 1642년 11월 8일 세상을 떠날 때까지 집에 갇혀 지냈으나, 과학에 대한 그의 집념은 조금도 변함이 없었습니다.

그가 세상을 떠났을 때 교회는 장례식을 치루는 것도, 가까운 친지들의 옆에 묻히는 것도 허락하지 않았습니다.

그 후 약 400년이 흐른 1992년에 로마의 교황 *요한 바오르 2세는 교회가 갈릴레이에게 내린 유죄 판결은 잘못된 것이라고 인정했습니다.

갈릴레이는 위대한 천문학자일 뿐 아니라, 뛰어난 수학자였습니다. 그는 수학을 통해 인간은 모든 지식의 최고봉에 오를 수 있다고 주장하였으며, 수학은 신이 갖고 있는 지식에 버금간다고 말하였습니다.

또 갈릴레이의 실험 정신은 현대 과학과 수학을 기술에 응용시켜 인류 문명을 발전시키는 밑거름이 되었습니다.

*요한 바오르 2세 (1920~)
제265대 로마 교황. 폴란드 출신으로 1978년 교황으로 선출됨.

☀️ 나는 생각한다. 고로 나는 존재한다.–데카르트

'근대 수학의 아버지'로 불리는 르네 데카르트는 1593년 3월 31일 프랑스에서 태어났습니다.

그의 어머니는 그가 태어난 지 약 한 달만에 세상을 떠났는데, 데카르트도 어머니를 닮아서 약한 *기관지와 허약한 체질로 일생 동안 고생했습니다. 그러나 경제적으로는 어머니로부터 상당한 *유산을 받아 평생 편안한 생활을 할 수 있었습니다.

어려서부터 몸이 약했던 그는 아침 늦게 일어났으며, 운동을 못하는 대신 학문에 열중하였습니다.

10살 때부터 8년 반 동안 철학, 물리학, 유클리드 기하학, 대수학 등 당시의 모든 학문을 공부했습니다.

그 결과 그는 어떤 문제에 부딪히더라도 겁을 내지 않고 자신만만해 하였습니다.

또, **수학이야말로 가장 정확한 언어**라고 믿고 모든 것을 수학으로 설명하려고 생각하였습니다.

그의 이러한 생각이 마침내 근대 과학의 연구 방법이 되

* **기관지**
  등뼈 동물의 목에서 허파로 이어지는 관.

* **유산**
  죽은 이가 남겨 놓은 재산.

었습니다.

데카르트는 철학이나 문학에도 재능이 있었으나, 수학만큼 힘을 기울이지 않았습니다.

그는 수학의 많은 분야에 대해서 이제까지와는 다르게 생각해 보려고 노력하였습니다. 그가 남긴 가장 큰 수학적 업적인 *좌표의 발견 역시 그러한 노력의 결과였습니다.

전해 오는 이야기에 따르면, 몸이 약한 데카르트는 늦잠을 자는 습관이 있어, 침대에 누워 있으면서 여러 가지 생각에 몰두하였다고 합니다.

어느 날, 침대에 누워 있는 데카르트의 눈에 들어온 것이 천장에 붙어 있는 파리였습니다. 그는 파리의 위치를 수학적으로 나타내는 방법을 궁리하다가 고안해 낸 것이 바로 '좌표'라는 것입니다.

데카르트는 천재였을 뿐만 아니라, 정신적으로도 매우 강한 사람이었습니다.

그는 자신의 신념에 따라 평생 동안 끊임없이 노력하였습니다.

*좌표
직선·평면·공간에 있어서의 점의 위치를 기준이 되는 점 또는 직선과의 거리나 각도 등에 의하여 나타내는 것.

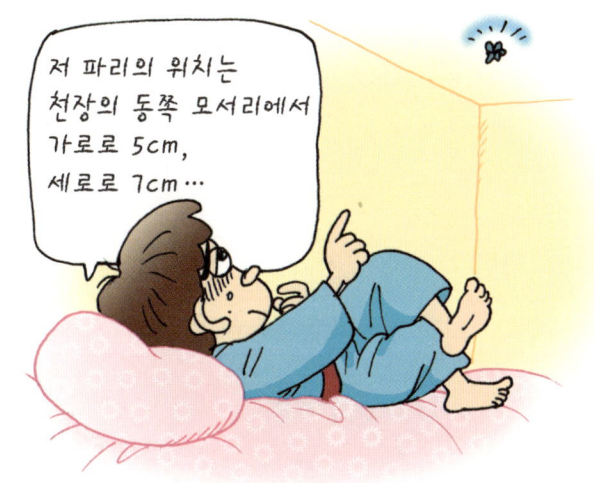

그런데 이러한 천재가 아주 기막힌 경우를 당하여 세상을 떠나게 됩니다.

데카르트의 높은 학문을 존경한 *스웨덴 여왕 크리스티나가 그를 자기 나라로 초대하였는데, 이 일이 바로 천재 데카르트의 죽음을 재촉하였습니다.

당시 19살이었던 젊은 여왕은 데카르트를 자신의 가정 교사로 채용하였습니다.

데카르트는 여왕의 가정 교사가 되는 것을 그리 달가워하지 않았으나, 여왕의 요청이라 어쩔 수 없이 받아들였습니다.

그런데 *극성스러운 여왕은 아침 공부가 좋다면서 새벽 다섯 시에 공부를 하자고 고집을 부렸습니다.

평소 늘 아침 늦게 일어나며 침대에 누워 생각하기를 좋아했던 데카르트는 늦잠도 못 자고 새벽에 마차를 타고 궁전으로 들어가 수학 강의를 해야만 했습니다.

이런 일이 계속되자, 허약한 그 체질에 피로가 쌓인 모양이었습니다. 게다가 스웨덴의 추운 날씨는 그의 병을 더욱 악화시켜 결국 그를 죽음으로 몰고 갔던 것입니다.

1650년 2월 11일 마침내 데카르트는 그 곳에서 죽

* 스웨덴
북부 유럽 스칸디나비아 반도에 있는 나라.

* 극성스러운
매우 적극적이고 끈질기게 구는 정도가 심한.

었습니다. 가족들은 스웨덴에서 장례식을 치른 후 시신을 프랑스로 옮기려 했으나 실패하고, 그가 죽은 지 17년 후에야 프랑스에 있는 판테온 신전에 유골이 안장되었습니다.

그런데 그의 오른쪽 손목뼈는 그의 몸에 따로 떨어져 엉뚱한 곳에 영원히 남아 있게 되었습니다. 그것은 당시 유골 운반을 주선한 프랑스의 왕실 재정 장관이 그의 손목뼈를 기념으로 보관했기 때문입니다.

☀ 계산기의 발명자 – 파스칼

"인간은 생각하는 갈대다."

이 말은 프랑스의 수학자이며 철학자인 블레이즈 파스칼이 한 말입니다.

이 말 이외에도 그는 '*클레오파트라의 코가 한 치만 낮았더라면, 세계의 역사는 달라졌을 것이다.'라는 유명한 말을 남기기도 했습니다.

* 클레오파트라
고대 이집트 왕국의 여왕.(기원전 69~기원전 30년)

파스칼은 1623년 프랑스의 오베르뉴 지방에서 태어났습니다. 세 살 때 어머니를 잃었고, 허약한 체질 때문에 집에서만 지냈습니다.

*세무 감독관이었던 그의 아버지는 아들에게 언어 이외에는 가르치질 않았는데, 오히려 이것이 다른 과목에 대한 호기심을 불러일으켜 가정 교사에게 수학을 가르쳐 달라고 간청했습니다. 가정 교사는 기하학을

* 세무 감독관
나라의 세금을 거두어들이는 것을 감독하는 관리.

가르쳐 주었지만, 아버지의 반대 때문에 노는 시간을 이용하여 남 몰래 공부하지 않으면 안 되었습니다.

그런데 파스칼이 12세 되던 어느 날

"기하학이란 어떤 학문입니까?"

라는 질문을 받은 아버지는 깜짝 놀랐습니다. 그리고 **기하학이란 도형 사이의 관계를 연구하는 학문**이라는 것을 간단히 설명해 준 아버지는, 더 이상 수학에 관한 말을 꺼내지 말라고 단단히 일렀습니다.

그러나 파스칼은 스스로 땅바닥에 도형을 그려서 생각해 보다가 마침내는 삼각형의 내각의 합은 *2직각이라는 것을 발견하여 그 증명까지 해내었습니다.

***2직각**
180도

*원론
그리스의 수학자 유클리드가 수학의 여러 가지 규칙과 원리 등을 정리한 책.(이 책 94쪽 참조)

  이를 본 아버지는 자기 자식의 천재성에 놀라 기뻐하면서 그에게 유클리드의 '*원론'을 읽도록 허락해 주었습니다.

  그리고 14세 때에는 지금의 프랑스 학술원에 해당하는 과학 토론회의 참석을 허락받았습니다.

  그 후 그는 수학 공부를 계속한 결과 16세 때에는 원뿔 곡선에 관한 대논문을 발표하여 세상을 놀라게 했습니다. 이것이 유명한 '신비의 6각형'이라 불려지는 원뿔곡선에 내접하는 6각형에 관한 정리입니다.

  이 논문을 보고, 파스칼보다 27살 위이며, 당시의 대수학였던 데카르트는,

  "이것은 16살짜리 소년이 쓴 게 아니라, 아마 그의 아버지나 선생이 써 준 것이다."라고 했을 정도였습니다.

  그리고 몇 년 뒤인 18세 때에는 정부의 세금을 감독하는 아버지를 위하여 최초의 계산기를 발명하였습니다.

  그러나 몸이 약한 파스칼은 평생 신경병과 심한 소화불량, 만성 불면증 등으로 고생하였는데, 24세 때에는 육체적인 고통 때문에 모든 학문 연구를 중단하기도 했습니다.

그러다가 30세 때에 아버지가 돌아가셨기 때문에 그는 재산을 관리할 필요성으로 다시 학문 연구를 시작하여 액체의 압력에 관한 연구를 계속 하여 유명한 '파스칼의 원리'를 발견하였습니다 그러나 병으로 쇠약해져, 결국 39세라는 젊은 나이로 세상을 떠나고 말았습니다.

◎ 파스칼 초상화

◎ 파스칼이 만든 계산기

🔆 세상을 바꾸어 놓은 사과 – 뉴턴

'근대 과학의 아버지'라고 불리는 아이작 뉴턴은 1642년 12월 25일 영국 링컨셔 근교에 있는 울스도프라는 마을에서 태어났습니다. 그런데 뉴턴이 태어날 당시엔 그의 아버지는 이미 세상을 떠난 후였습니다.

뉴턴은 보통 아이들보다 석 달이나 빨리 태어나 사람들로부터 많은 놀림을 받았습니다. 그래서 늘 외톨이로 지내며 책을 읽거나 만들기를 하였습니다.

이런 뉴턴이 재능을 발휘하기 시작한 것은 *케임브리지 대학에 들어가면서부터입니다.

대학에 들어가서도 처음 얼마 동안은 수학은 거의 배우지 못하였습니다.

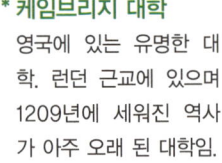

* **케임브리지 대학**
영국에 있는 유명한 대학. 런던 근교에 있으며 1209년에 세워진 역사가 아주 오래 된 대학임.

그런데 루카스라는 사람의 부탁으로 케임브리지 대학의 최고 강의 '루카스 강좌'가 생기면서 정식으로 수학과 물리학을 배울 수 있었습니다.

그 때 초빙되어 온 교수가 배로라는 수학자였는데, 뉴턴은 이 배로 교수의 영향을 많이 받았습니다.

뉴턴은 1665년에 대학을 졸업했으나, 대학에 계속 남아 수학과 물리학 연구에 몰두하였습니다. 그러나 *페스트가 크게 유행하자, 대학은 문을 닫고 말았습니다.

뉴턴은 고향으로 돌아가 1년 반 가량 머물면서 갈릴레이와 케플러가 쓴 책을 읽기도 하고, 실험을 계속하면서 자연의 이치에 대해서도 많은 생각을 하였습니다. 사과나무에서 떨어지는 사과를 보고 *만유 인력을 생각해 낸 것도 이 때입니다.

*페스트
급성 전염병의 하나. 높은 열이 나며 피부가 검게 변하고 목숨을 잃는 경우가 많음. 흑사병.

*만유 인력
모든 물체에는 끌어당기는 힘이 있다는 것.

페스트가 수그러든 후, 다시 케임브리지로 돌아간 뉴턴은 고향에서 생각했던 여러 가지 문제들을 계속 연구하였습니다.

그리고 26세의 나이로 배로 교수의 뒤를 이어 루카스 강좌의 교수가 되었습니다.

그런데 뉴턴은 남을 가르치는 데에는 별 재주가 없었던 것같습니다.

그가 강의를 하는 날은 강의실은 텅 비었고, 어떤 경우 뉴턴 혼자서 강의를 하기도 하였습니다.

뉴턴이 일생 동안 쌓아 놓은 업적을 모두 소개하기는 거의 불가능한 일입니다. 뉴턴의 업적 중 두드러진 것을 손꼽으라면 다음과 같습니다.

> 첫째, 운동의 법칙과 만유 인력의 법칙을 발견함.
> 둘째, 반사 망원경을 만들어 내었고, 빛과 색깔의 연구를 정리함.
> 셋째, 수학의 새로운 분야인 *미분과 적분을 개척함.

*미분과 적분
포탄이나 떠돌이별 등의 움직이는 물체가 지나가는 길(궤적)이나 거리 등을 알아 낼 때 쓰이는 수학 방법.

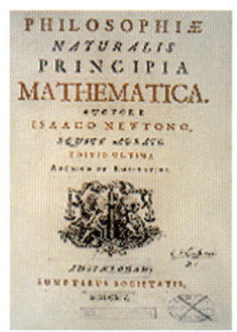
○ 프린키피아의 표지 : 본래의 제목은 '자연 철학의 수학적 원리'였습니다.

이만큼 뉴턴은 인류의 과학과 수학 역사에 큰 발자국을 남겼는데, 그가 쓴 많은 책 중에서 가장 유명한 것이 프린키피아입니다. 이것은 '자연 철학의 수학적 원리'라는 뜻입니다. 즉, 자연의 여러 가지 현상을 수학적인 방법으로 정리했다는 것입니다.

이 책은 인류의 과학 역사상 가장 위대한 책 중의 하나로 꼽혀지고 있는데, 이는 이것은 근대 과학이 이 책에서부터 시작되었기 때문입니다.

그리고 1704년, 61살의 늙은 나이에도 불구하고 빛과 색에 대해 연구한 것을 정리하여 '광학'이라는 책을 펴냈습니다.

영국 정부에서도 이런 뉴턴의 업적을 칭송하여 과학자로서는 최초로 *나이트(기사) *작위까지 내렸습니다.

*나이트
중세 유럽의 무인 계급.

*작위
사회적으로 훌륭한 일을 한 사람에게 존경의 뜻으로 주는 지위 중의 하나.

그런데 이렇게 엄청난 업적을 남긴 뉴턴이었지만, 평소에는 어처구니없는 행동을 많이 했던 것으로도 유명합니다.

뉴턴이 중학교를 그만두고 고향으로 돌아가 농사일을 돕기로 했을 때에도 많은 실수를 하여 사람들의 놀림을 받았습니다.

닭에게 모이를 주다가 닭장문을 열어놓은 채 다른 생각에 몰두하는 바람에 닭들이 모두 뛰쳐나와 채소밭을 엉망으로 만들었습니다.

또, 소와 양을 돌보며 책을 읽다가 소와 양을 몽땅 잃어버린 적도 있었습니다.

심지어는 이런 경우까지 있었습니다. 어느 날, 말을 끌고 장에 가는데, 고삐가 끊어져 말이 어디론지 달아나 버렸습니다. 그런데 무슨 생각을 그렇게 골똘히 하는지 뉴턴은 빈 고삐만 잡은 채 터덜터덜 한참 동안을 걸어갔다는 것입니다.

이런 일들은 어른이 된 후에도 계속되었습니다.

실험에 몰두하여 달걀 대신 시계를 삶아 버리는가 하면, 하지도 않은 식사를 한 것으로 착각하여 굶어 버리기도 했습니다. 이와 같은 일들은 그가 멍청해서가 아니라, 그가 일에 얼마나 몰두하였는가를 보여 주는 것입니다.

어떻게 생각하면 뉴턴은 매우 불행한 사람이었습니다. 학문 연구 이외의 다른 일에는 전혀 관심이 없었습니다. 여자들을 싫어하여 결혼도 하지 않았고 시나 노래를 즐기지도 않았습니다. 그리고 친구들과 모여 웃거나 농담을 하며 지내는 일은 더더욱 없었으니, 정말로 재미없는 삶을 살았다고 할 수 있습니다.

뉴턴은 학문을 연구하고 새로운 사실을 발견하는 일에 만족하며 지냈습니다.

그가 '프린키피아'를 쓸 때에는 무려 18개월 동안 자기 방에 틀어박혀 하루에 20시간이 넘게 일했습니다.

이렇게 한 가지 일에 몰두하는 그의 성격이 뉴턴을 위대한 과학자로 만든 것입니다.

뉴턴과 라이프니츠

뉴턴과 *라이프니츠는 거의 비슷한 시대를 살았던 수학자들입니다. 그런데 이 두 학자가 미분과 적분을 누가 먼저 발견했는가를 놓고, 대립하여 유럽의 수학계는 한동안 둘로 나뉘어져 있었습니다.

뉴턴은 자기가 지은 '프린키피아'에서 운동과 관련된 책을 소개하면서 많은 수학 공식을 다루었는데, 이때 이미 미분과 적분을 사용했습니다.

* 라이프니츠
독일의 수학자·물리학자. 수학 분야에서 미적분법을 확립한 학자로 평가받고 있음.

그런데 라이프니츠 역시 그가 사용했던 미적분의 기호들이 오늘날까지 사용될 만큼 수학적 재능이 뛰어난 사람이었습니다.

뉴턴과의 *불화는 라이프니츠를 무척 괴롭혔습니다. 두 사람 사이의 불화를 풀기 위해 그는 영국의 학술원에 *청원을 했는데 이것이 결정적인 실수가 되었습니다. 바로 그 때 영국의 학술원장이 뉴턴이었던 것입니다.

뉴턴의 지명에 의해 결성된 위원회는 보고서를 통해 라이프니츠를 *표절했다고 고발했으며, 라이프니츠는 1716년 그가 죽을 때까지 학계에서 완전히 고립되었습니다.

*불화
사이가 좋지 못함.

*청원
바라는 바를 말하고 이루어지게 해 달라고 청함.

*표절
남의 문장·학설 따위를 자기 것으로 발표하는 일.

☀ 잃어버린 노트 - 라마누잔

　인도가 낳은 천재 수학자 라마누잔은 1887년 인도의 남부 쿰바코남의 한 마을에서 태어났습니다.

　그의 아버지는 양복점에서 *회계를 맡고 있었으므로, 집안이 매우 가난하였습니다.

　인도는 종교의 *계율이 엄한 나라인데, 그의 집안은 가장 종교적인 계율이 엄한 *바라문교를 믿는 집안이었습니다.

　라마누잔은 태어날 때부터 그 곳 도시의 여신 나마지리의 덕을 입고 이 세상에 나왔다고 하는데, 그 까닭은 어머니가 그 여신의 꿈을 꾼 뒤, 그를 낳았다는 것이었습니다.

　라마누잔 역시 어머니가 꾼 꿈을 믿고 있는 듯하였습니다. 그가 말하기를 꿈에 여신이 나타나 수학을 가르쳐 주고, 자신은 아침에 일어나 그 여신이 가르쳐 준 대로 문제를 푼다는 것입니다.

　그런데 사람들은 라마누잔의 이 말을 믿을 수밖에 없었습니다. 그것은 그가 어려서부터 수학에 천재적인 소질이 있었는데, 자기고 있는 것은 낡은 수학 참고서 한 권뿐이었던 것입니다.

*회계
나가고 들어오는 돈을 따져서 셈함.

*계율
종교를 믿는 사람이 지켜야 할 규범.
계는 깨끗하고 착한 습관을 익혀 지키는 것이며, 율은 불교 교단의 규칙을 말함.

*바라문교
고대 인도에서 바라문 계급을 중심으로 발달한 종교. 인도교.

아무튼 라마누잔은 수학을 열심히 공부하였습니다. 그리고 많은 공식들을 만들어 내었습니다.

꿈에서 여신이 잘못 가르쳐 준 것도 있어서 틀린 공식을 만들 때도 있었으나 대개는 옳은 공식이었습니다. 때로는 증명 없이 결과만을 내세우고 있으므로, 누군가가 증명해야 했는데, 그런 것은 지금도 '라마누잔의 숙제' 라는 이름으로 남아 있습니다.

수학과 여신하고만 사귀고 있었기 때문인지, 영어 시험에는 낙방할 정도로 영어 실력은 천재답지 않았습니다. 그 당시 인도는 영국의 식민지였는데 가장 중요한 과목인 영어를 못했으니, *장학금도 얻을 수 없

*장학금
주로 성적이 우수한 학생에게 보조해 주는 돈.

*하디
영국의 수학자. 옥스퍼드 대학·케임브리지 대학의 교수를 지냈고, 해석적 정수론에 큰 업적을 남겼으며, 현대 수학을 영국에 도입하고자 힘씀.

*서기
문서를 관리하거나 기록을 맡아 보는 사람.

어서 결국은 학교를 그만두어야 했습니다.

다행히 어떤 사람의 도움으로 항구 사무소에 일자리를 얻을 수가 있었습니다. 이 곳에서 그는 당시의 유명한 수학자인 *하디에게 편지를 보냈는데, 영어를 잘 쓸 수가 없어서 친구에게 부탁해서 편지를 썼습니다.

편지를 받은 하디는 라마누잔이 수학 역사상 최고의 천재인 가우스와 맞먹을 정도의 재능을 가지고 있다는 판단을 내렸습니다.

하디는 어떤 수단을 쓰더라도 라마누잔을 영국에 데려와야 한다고 생각하였습니다.

위대한 천재가 탄생하느냐 마느냐 하는 중요한 시기에 비용은 문제가 아니었습니다.

그런데 문제는 라마누잔에게 있었습니다. 그 때 그는 결혼한 지 일 년 남짓한 시기로, 수입이 약 50달러의 가난한 *서기 생활을 하고 있었습니다. 또 한편 종교적인 계율이 엄한 바라문교의 신자이기도 했고, 그의 어머니는 아주 종교심이 강한 신자였습니다.

그런 만큼 라마누잔이 종교적인 계율을 어기고 바다를 건너 남의 나라에 간다는 것은 생각할 수 없을 만큼 어려운 일이었습니다. 그런데 그의 어머니는 그 때

기적적인 꿈을 꾸었습니다. 어머니의 꿈에 라마누잔이 수많은 백인들에게 둘러싸여 있는데, 여신께서 라마누잔이 이 세상에 나온 목적을 달성하기 위해 가는 길이니 그를 놓아 주라고 명령을 한 것입니다.

이 꿈이야말로 *고루한 종교적인 계율을 깨뜨려 라마누잔에게 학문의 길을 열어 준 것이었습니다.

드디어 라마누잔은 1914년에 영국에 도착했습니다.

라마누잔을 맞이해 준 하디 교수는 그 때 이미 영국에서뿐만 아니라 세계적으로 이름이 알려져 있는 대수학자였습니다. 그는 자기 옆에 앉아 있는 이름 없는 인도인 청년이 천재라는 것을 잊지 않았습니다. 그러나 이 천재는 아직 수학 분야에서 거의 정식 교육을 받지 않았던 사람입니다.

또, 영어를 잘 하지 못해 장학금을 얻을 수 없어 대학 입학도 못할 정도이었습니다. 그러나 이들 두 사람 사이에는 수학이라는 큰 공통점이 있었습니다. 그런데 수학에 관한 생각에 있어서도 이들은 일치하지 않

*고루한
세상과 동떨어져 자라 가나 살아서, 보고 들은 것이 적고 마음이 좁은.

*자학 자습
　스스로 배워서 익힘.

*직관적
　추리나 판단에 따르지 않고, 감각적 또는 직접적으로 사물을 파악하는 것.

을 때가 많았습니다.

　라마누잔은 문자 그대로 *자학 자습이어서 현대 수학의 논리에는 관심이 적었으며, '증명'이라는 것이 무엇인지도 알지 못하였습니다.

　그러나 라마누잔은 거의 *직관적으로 문제의 본질을 파악했으며, 웬만한 것은 문제를 보는 순간에 풀어 버리는 것이었습니다.

　라마누잔은 영국에 와서 4년도 못 되는 사이에 특별 연구원의 자리를 얻었습니다. 이것만 보아도 라마누잔의 수학적 소질이 얼마나 훌륭한가를 알 수 있습니다.

　재미있는 것은 대수학자인 하디 교수가 이런 천재를 가정 교사처럼 일일이 정식의 수학을 가르쳐야 했다는 것입니다.

　그러나 이 두 사람은 공동으로 최고 수준의 논문을 여러 개 내놓자, 세계의 수학자들은 모두 깜짝 놀랐습니다. 그들은 라마누잔의 이름도 들어 보지 못했던 것입니다.

　영국은 라마누잔에게 가능한 한 모든 편의를 제공해 주었습니다.

라마누잔이 30세가 되었을 때 영국 학술원은 학자에게 가장 명예스러운 학술원 회원의 지위를 그에게 주었습니다. 정식 교육을 받은 사람이라도 나이가 많아야 얻을 수 있는 자리였습니다.

그러나 안타깝게도 라마누잔은 폐결핵에 걸리고 말았습니다. 따뜻한 지방에서 살던 그가 영국의 겨울에 적응하지 못했던 것입니다. 춥고 습한 기후에 맞는 옷을 입지 못했고, 자신의 종교에서 허용하는 야채와 과일을 찾기가 쉽지 않아서 그는 *영양 실조까지 걸렸습니다. 1917년 결국 그는 인도에 되돌아왔습니다.

라마누잔은 1920년에 사망했는데, 그의 부인이 수학 공식들로 가득 찬 남편의 노트를 잘 보관하고 있었습니다.

이 노트에는 라마누잔이 메모해 놓았던 수천 개의 공식들로 가득 차 있었습니다.

이 노트는 1976년에 발견되었는데, 그 때까지 사람들은 라마누잔의 업적에 대해 잘 모르고 있었습니다. 그 이후로 수학자들은 이 노트를 잃어버린 노트라고 부르며 내용을 자세히 연구하고 있습니다.

*영양 실조
몸에 필요한 영양분을 제대로 섭취하지 않아 생기는 병.

여자가 무슨 수학 공부를 해!?

위대한 정치가나 과학자, 문학가 등은 대부분 남자들입니다. 그렇다면 왜 역사적인 인물 중에는 여자들이 적을까요?

오늘날은 사정이 훨씬 나아졌지만, 불과 백여 년 전만 해도 우리 나라의 여자들은 남자들에 비해 제대로 대접을 받지 못하였습니다.

이런 일엔 여러 가지 이유가 있겠지만, 원시 시대부터 근대에 이르기까지 전쟁이나 사냥·농사 등 힘든 일에는 아무래도 힘이 센 남자들이 유리했기 때문입니다.

그래서 남자들은 주로 집 밖에서 농사일이나 전쟁 등 힘을 쓰는 일은 물론이요, 정치·경제·학문 등 사회적인 일을 맡아 했습니다. 반면에 여자들은 집 안에서 여러 가지 가정 일을 돌보았는데, 심한 경우 여자들은 바깥 출입도 마음대로 못하던 때가 있었습니다.

이런 일은 우리 나라에서만 있었던 일이 아닙니다. 서양에서도 여성들이 투표할 수 있는 권리를 얻게 된 것은 서기 1918년 무렵의 일입니다. *아랍 지방에서는 지금도 여자들은 많은 차별을 받고 있습니다.

*아랍 지방
사우디 아라비아, 이라크, 이란 등의 나라가 있는 서남 아시아 지역.

* **부르카**
이슬람교를 믿는 아프가니스탄에서 여자들이 밖에 나갈 때 온몸을 가리기 위해 쓰던 것.

* **전족**
옛날 중국에서 여자아이가 4~5세 될 무렵부터 발을 긴 천으로 감아 발을 작게 하던 풍속.

* **쓰개치마**
옛날 여자들이 밖에 나갈 때 머리로부터 몸의 윗부분을 가리어 쓰는 것.

형편이 이러다 보니 아무리 뛰어난 여성이라도 사회적으로는 큰 활동을 할 수 없었습니다.

학문의 경우도 마찬가지입니다. 여자들은 기껏해야 시를 짓거나 글을 쓰는 문학 부분이나 음악·미술 등의 예술 부분에서 활동하였습니다.

🔆 용감한 여성 수학자들

이런 때에 여자들이 수학이나 과학 공부를 한다는 것은 참으로 어려운 일이었습니다.

그렇지만 이런 심한 차별 속에서도 열심히 수학을 연구하여 수학 역사에 놀라운 업적을 남긴 여러 명의 수학자들이 있습니다. 그 중 대표적인 인물을 소개하면 다음과 같습니다.

> **테아노**(그리스의 수학자 피타고라스의 제자이며 부인이었으나, 기록이 별로 남아 있지 않음)
>
> **히파티아**(370~415)
>
> **소피 제르맹**(소피아 젤만)(1776~1831)
>
> **마리아 가에타나 아네시**(1717~1797)
>
> **소피아 코발레프스카야**(1850~1891)
>
> **에미뇌터**(1882~1935)

"이런 사람들 이외에도 위대한 여성 수학자들이 많이 있지."

"그 중에서 가장 유명한 분이 바로 *퀴리 부인입니다."

*퀴리 부인(1867~1934)
폴란드 출신의 프랑스 여학 물리학자. 라듐과 폴로늄을 발견한 것으로 유명함.

테아노

테아노는 그리스의 위대한 수학자인 피타고라스의 부인입니다.

테아노는 여자들이 남자들보다 못하다고 믿고 있던 때에 태어났습니다. 그렇지만 남자와 똑같은 자격으로 피타고라스 학파에 들어갈 수 있었습니다.

테아노가 이렇게 할 수 있었던 것은 피타고라스의 덕분이었습니다. 피타고라스는 그 당시로선 아주 특이한 *여권론자여서 여자들을 학생으로 받아들이고 선생님이 되도록 격려하기까지 하였습니다.

그래서 피타고라스의 학파(일종의 대학)에는 여자들

* **여권론자**
여자들의 권리를 인정하거나 존중해 주어야 한다고 주장하는 사람들.

도 남자들처럼 참여하여 공부를 하였습니다.

피타고라스는 수학과 관련된 학문 연구 이외에 다른 일에는 관심을 두지 않았습니다.

그러다가 *인생의 말엽에 자기의 제자 중 가장 뛰어난 여성과 결혼을 하게 되는데, 그 여자가 바로 테아노입니다. 테아노는 아주 뛰어난 학자이자 의사였으며, 남편이 세상을 떠난 후에는 두 딸을 데리고 피타고라스 학파를 이끌었습니다.

* 인생의 말엽
아주 늙은 나이.

히파티아

히파티아는 서기 370년, 학문의 중심지였던 이집트의 알렉산드리아에서 태어났습니다. 당시에는 여자들이 학문을 한다는 것은 매우 어려운 일이었으나, 히파티아는 아테네와 이탈리아에 유학을 하며 유명한 철학자들의 강의를 들었습니다.

히파티아가 이렇게 외국 유학까지 하며 학문을 배울 수 있었던 것은 아버지 덕분이었습니다.

히파티아의 아버지 *테온은 알렉산드리아의 수학자 겸 천문학자로, 딸에게 완전한 수학 교육을 시키려고 노력하였습니다. 테온이 이렇게 한 까닭은 종교 때문이었습니다.

* 테온(?~?)
그리스의 천문학자·수학자. 알렉산드리아 무세이온의 교수로 있었으며 유클리드 기하학을 편집하였음.

당시는 이탈리아와 그리스(모두 로마 제국이었음)에 기독교가 널리 퍼져, 일부 *광신도들이 수학과 과학을 *이단으로 배척하였습니다. 그러자 두려움을 느낀 일부 학자들은 광신도들의 주장에 동조하였습니다. 즉, 학문의 순수함을 버리고 종교에서 주장하는 대로 따라간 것입니다.

그렇지만 테온은 그리스 수학의 정신을 지키려고 노

*광신도
종교나 미신 따위를 미칠 정도로 지나치게 믿는 사람들.

*이단
정통 종교나 학설에 벗어나는 주장을 폄. 또는 그런 일.

*플로티노스
이집트 출신의 고대 로마 철학자. 신플라톤 학파의 대표자로 로마에 학원을 세워 많은 제자를 가르쳤음.
(204⟨?⟩~ 270⟨?⟩)

*고상한
인품이나 학문·취미 따위의 정도가 높으며 품위가 있는.

력했던 것입니다.

아버지 테온의 이러한 학문에 대한 열정과 정신은 딸 히파티아에게 고스란히 전해졌습니다.

유학을 마치고 알렉산드리아로 돌아온 히파티아는 대철학자 *플로티노스의 뒤를 이어 철학 교수가 되었습니다.

히파티아가 가장 좋아하는 학문은 천문학과 수학이었지만, 학교에서 가르치는 강의는 철학·수학·천문학이었습니다. 특히 그의 철학 강의는 대단한 인기를 끌었습니다.

폭넓은 지식과 *고상한 인격, 거기에다 뛰어난 용모까지 갖추고 정확하게 강의를 하는 히파티아는 그 시대에 으뜸 가는 학자로 이름이 높았습니다.

특히, 복잡한 수학 이론을 정확하고 쉽게 설명하는 그녀의 강의는 인기가 높아서 멀리 아시아, 아프리카, 유럽에서까지 학자들이 찾아올 정도였습니다.

히파티아가 이룩한 업적은 대부분 사라졌지만, 그녀의 업적에 대해 씌어 있는 책은 아주 많습니다. 그 중 특이한 것은 그의 학문이 단순히 이론에 머무르지 않고 실제로 응용하려고 노력했다는 점입니다.

히파티아가 관심이 깊었던 분야인 천문학과 과학을 연구하기 위해서는 많은 기구가 필요합니다. 이에 히파티아는 제자 한 명과 함께 '아스트롤라베'라는 기구를 만들었는데, 이것은 별의 높이를 재는 기구였습니다.

🔼 아스트롤라베

또한 물밑 아래 깊이 있는 물체를 관측하는 수중 투시경(하이드로스코프)이나 물을 *증류시키는 장치, 액체의 비중을 계산하는 기계와 같은 여러 가지 과학 기구들에 대한 원리와 만드는 방법을 생각해 내기도 했습니다.

그러나 이렇게 아름답고 재능이 있는 여류 학자에게도 많은 어려움이 있었습니다. 그것은 히파티아의 교육 내용이 로마 제국의 기독교 사상에 어긋났기 때문입니다.

서기 412년, 알렉산드리아 교회에 새로 부임한 대주교 시릴은 비기독교인들에 대한 심한 증오감을 갖고 있는 사람이었습니다.

히파티아는 이런 기독교인들과 여러 차례 대립을 했

* **증류**
액체를 가열하여 증기를 만들고, 그것을 식혀서 다시 액체로 만드는 일.

* **사탄**
성경에서 하느님과 맞서려는 악의 존재. 사람들을 꾀어 범죄와 질병에 빠뜨린다고 함.

지만, 조금도 굽히지 않고 제자를 가르치며 학문을 지켰습니다.

알렉산드리아 교회의 대주교는 히파티아의 이런 행동을 교회와 자기 권위에 대한 도전이라고 생각하며 갈등을 더욱 증폭시켰습니다.

서기 415년 3월, 대주교 시릴의 지시를 받은 기독교 광신자들이 일을 벌였습니다.

이들은 강의를 마치고 학교에서 돌아오는 히파티아를 마차에서 끌어내린 후 교회로 끌고 가 갖은 모욕을 가한 후 살해하였습니다. 이 때 히파티아는 45세로 아직 젊은 나이였습니다.

그런데 히파티아의 죽음은 단순히 한 개인의 죽음으

로 끝나지 않고, 알렉산드리아에서 그리스 수학의 전통이 영원히 끊어지고 만 것입니다.

∷ 소피 제르맹(소피아 젤만)

소피 제르맹은 1776년 프랑스의 파리에서 부유한 상인의 딸로 태어났습니다.

유복한 가정 환경 덕분에 제르맹은 어린 시절을 아버지의 서재에서 재미있는 책을 읽으면서 보낼 수 있었습니다.

제르맹이 열세 살 때 한 권의 책을 읽게 되는데, 그 일로 인해 그녀의 인생이 달라지게 됩니다.

아버지의 서재에서 이책 저책을 뒤지던 제르맹은 별로 재미없을 듯한 **수학의 역사**란 책을 한 권 골라 무심히 몇 장을 넘겨보았습니다. 그런데 그 책에는 어떤 책에도 없는 아주 재미있는 내용이 있었습니다.

그건 그리스 시라쿠사의 대수학자 *아르키메데스가 인류 처음으로 원주율(원의 지름과 원의 둘레의 비율)을 발견하고 계산한 이야기였습니다.

제르맹은 곧 이야기 속으로 빠져들어갔습니다. 특히, 아르키메데스가 수학 계산에 몰두하다가 로마 병사에게 무참히 죽임을 당하는 대목에선 큰 감동을 받

* **아르키메데스**
고대 그리스 시라쿠사의 수학자·물리학자.
(이 책 96쪽 참조)

았습니다.

'수학이 얼마나 재미있길래 죽는 것마저 잊고 몰두할 수 있을까?'

깊은 생각을 하던 제르맹은 본격적으로 수학을 공부하기로 결심했습니다.

그러나 이 사실을 알고 제르맹의 부모들은 펄쩍 뛰었습니다. 그 당시 사람들 특히 프랑스의 *상류층 사람들은 여자가 공부하는 것을 탐탁치 않게 생각하였기 때문입니다.

제르맹의 아버지는 딸이 수학 공부를 하지 못하도록 끈질기게 타이르고 방해를 하였습니다.

그러나 제르맹은 일찍 자라고 하면 자는 척하다가 아버지가 잠이 들면 다시 일어나서 공부를 했습니다.

* **상류층**
사회적 지위나 생활 수준 등이 높은 계층.

나중에 이 사실을 안 아버지는 제르맹이 밤에 일어나지 못하도록 옷을 빼앗아 감추어 놓았습니다. 그래도 제르맹은 수학 공부를 포기하지 않았습니다. 옷이 없으면 담요를 둘러쓰고 공부를 하였습니다.

제르맹 아버지 역시 딸이 공부하는 것을 막기 위하여 나중에는 등잔까지 빼앗았습니다.

그렇지만 제르맹의 수학에 대한 열정은 더욱 더 커져만 갔습니다. 마침내 그녀의 *열의에 감동한 아버지는 딸이 마음놓고 공부하도록 허락하였습니다.

*열의
무슨 일을 이루려고 정성을 다하는 마음.

오늘날에는 자식이 공부하지 못하도록 막는 부모의 이런 행동을 도저히 이해할 수 없을 테지만, 그 당시에는 여자가 학문 특히 수학이나 과학을 공부하는 것은 여자답지 못한 행동이라는 생각이 사회 전체에 퍼져 있었습니다.

몇 년 후 소피 제르맹은 파리 공과 대학에 입학하려고 했으나, 여자는 입학할 수 없다는 *교칙 때문에 뜻을 이룰 수 없었습니다. 그러나 그 정도에서 그냥 물러날 제르맹이 아니었습니다. 그녀는 파리 공과 대학의 수학 책을 구해서 혼자 공부하는 한편, 내용을 검토한 후 책의 저자에게 편지를 보냈습니다. 이 때도 여자라는 것을 감추고 '루이 블랑'이라는 가짜 이름을 썼습니다.

소피 제르맹의 편지를 받은 사람은 당시의 유명한 수학자 *라그랑주였습니다. 그는 루이 블랑(사실은 소피 제르맹)의 뛰어난 재능에 깜짝 놀라서 즉시 만나 보기를 원하였습니다. 라그랑주는 '루이 블랑'이 사실은 소피 제르맹이라는 여자임을 알고 또 한번 놀랐습니다.

*교칙
학교의 규칙.

*라그랑주(1736~1813)
이탈리아 출신의 프랑스 수학자·천문학자 수학의 정수론·미분 방정식 등에 많은 공헌을 함.

소피 제르맹은 수학을 잘할 뿐만 아니라, 아주 따뜻한 마음씨를 가진 사람이었습니다.

그 당시 독일에는 유명한 수학자 *가우스가 살고 있었습니다. 소피 제르맹은 이 위대한 학자를 존경하여 1801년부터 편지를 주고받았습니다. 물론 처음에는 '루이 블랑'이라는 가짜 이름을 썼습니다.

그런데 가우스가 루이 블랑이라는 사람의 정체를 알게 된 것은 아주 우연한 일에서 비롯되었습니다.

1807년 프랑스의 *나폴레옹의 군대가 가우스가 살고 있는 독일 지방을 점령하였습니다. 제르맹은 가우스에게 혹시 그 옛날 아르키메데스와 같은 비극적인 일이 생길까 두려워졌습니다.

* **가우스**
독일의 수학자. 대수학·해석학·기하학 등 여러 방면에 걸쳐서 뛰어난 업적을 남김.
(이 책 48쪽 참조)

* **나폴레옹(1769~1821)**
프랑스의 황제. 코르시카 출신으로 포병 장교에서 대통령이 되었다가 황제에 오름.

제르맹은 즉시 아버지의 친구인 프랑스 군 사령관에게 편지를 보내 가우스의 신변을 잘 보살펴 달라고 부탁하였습니다. 제르맹의 부탁을 받은 프랑스 군 사령관은 가우스를 극진하게 대접하였는데, 이때서야 비로소 가우스는 루이 블랑이 사실은 소피 제르맹이라는 여류 수학자임을 알게 되었습니다.

이 때, 가우스는 그 놀람을 다음과 같은 글로 남겼다고 합니다.

> 내가 존경하며 편지를 주고받아 온 상대자인 루이 블랑씨가 갑자기 그 유명한 여류 수학자 소피 제르맹으로 바뀐 데 대한 나의 놀라움을 무엇이라 표현할 수 있을까?

그렇지만 가우스는 이전과 다름없이 제르맹의 수학적 재능으로 칭찬하며, 계속 편지를 주고받았습니다. 그리고 그녀가 세상을 떠나자 *괴팅겐 대학에 추천하여 명예 박사 학위를 받게 하였습니다.

소피 제르맹은 1831년 55세의 나이로 세상을 떠났습니다. 그러나 그녀가 세상에 남긴 수학과 과학의 업적은 매우 많습니다.

특히 그녀를 이론 물리학(실험보다 수학으로 물리적

* **괴팅겐 대학**
  독일 작센 주 괴팅겐 시에 있는 유명한 대학. 정식 이름은 게오르크 아우구스트 대학임.

현상을 밝히는 학문)의 창시자 중의 한 사람으로 손꼽고 있는데, 이것은 그녀가 생전에 발표한 논문 '탄성판의 진동에 관한 연구'가 너무나 훌륭한 것이기 때문입니다.

또한 과학 분야에도 많은 업적을 남겼는데, 요즘의 로켓과 비행기의 운동에 관한 연구도 소피 제르맹의 이론이 기초가 되었습니다.

파리 과학 학술원은 그녀가 세상을 떠난 지 37년 만인 1868년에 그 논문의 훌륭함을 인정하며 상까지 주었습니다.

:: 마리아 가에타나 아네시

앞에서 소개한 소피 제르맹은 아버지가 공부를 못 하게 말렸지만, 이번에 소개할 마리아 가에타나 아네시는 아버지가 공부를 하도록 적극 밀어 주었습니다. 이런 일은 당시로선 참으로 드문 경우였는데, 딸의 학문적 재능을 알아본 아버지 *안목과 고집 덕분이었습니다.

마리아 가에타나의 아버지 피에트로 아네시는 볼로냐 대학의 수학 교수였으며 재산도 넉넉했던 만큼 집에는 늘 손님들이 넘쳐났습니다. 손님들 대부분은 당시로선 꽤 유명한 지식인들이었는데, 이들은 자주 마리아

***안목**
사물을 보고 판단하는 능력.

가에타나네 집 응접실에 모여 토론을 벌였습니다.

이 때 아버지 피에트로는 자기 자식들의 총명함을 자랑하기 위하여 맏딸 마리아 가에타나와 두 살 아래 마리아 테레다를 응접실로 불렀습니다.

사실, 마리아 가에타나 아녜시의 재능은 정말 대단하여 열세 살 때 이미 정도에 이탈리아 어, 라틴 어, 그리스 어, 프랑스 어, 스페인 어 등의 외국어를 능숙하게 할 정도였습니다.

그뿐 아니라, 아주 어려운 철학과 과학, 수학에서도 재능을 보여, 뉴턴이 주장했던 여러 학설에 대해서도 여러 학자들과 토론을 벌이기도 하였습니다.

*볼로냐 대학
이탈리아 볼로냐에 있는 국립 대학.

아버지는 이런 딸의 재능을 키워 *볼로냐 대학의 교수로 만들려고 마음먹었습니다. 그러나 마리아 가에타나는 아주 겸손한 성격이었습니다.

마리아 가에타나가 아주 뛰어난 지식과 재능을 드러낼 때는 아버지가 시키거나 권유할 때뿐이었습니다.

그녀가 정말 하고 싶었던 일은 *수녀가 되어 가난하고 병든 사람들을 돌보는 것이었습니다. 그러나 아버지는 이런 일을 허락하지 않았습니다.

결국 어머니가 돌아가시자 마리아 가에타나가 집안 살림을 돌보는 한편, 집에서 가난하고 병든 사람들을 돌보았습니다. 그리고 동생들의 수학 공부를 가르쳤습니다.

그 때는 학생들이 공부하기에 알맞은 수학책이 없었으므로, 그녀는 학생들이 이해하기 쉬운 책을 직접 만들었습니다. 이 책은 당시 어지럽게 발표되었던 수학의 이론들을 모아 체계적으로 정리하고 해석을 붙인 것으로, 제목은 이탈리아 젊은이들의 사용을 위한 해석적 제도라고 붙였습니다.

이 책에서 그녀는 대수학과 기하학에서부터 미분법과 적분법까지 수학의 여러 분야를 종합하여 아주 쉽고 정확하게 설명하였습니다.

*수녀
천주교의 수녀원에서 일정한 규율에 따라 수도를 하는 여자.

책이 나오자, 큰 인기를 끌어 프랑스 어와 영어로 번역되어 교재로 널리 사용되기도 하였습니다.

이 책의 성공으로 마리아 가에타나는 볼로냐 아카데미의 회원으로 선출되었고, 볼로냐 대학의 수학 교수직을 제의받았으며, 얼마 후에는 교황 베네딕투스 14세로부터 정식 임명장까지 받았습니다. 여성은 대학 입학조차 거의 불가능하던 시절의 일이었습니다.

이후 마리아 가에타나 아네시라는 이름은 교수 명단에 올라 있었지만, 그녀는 그 자리에 관심을 두지 않았습니다. 그래서 대학에 나가지도 않았습니다.

단지 1748년 아버지가 병이 들자, 아버지 대신에 강의를 맡기도 하였으나, 곧 그만두고 말았습니다.

그리고 1752년 아버지가 돌아가시자, 그녀는 오랫동안 지켜온 의무(자식은 어버이 말씀에 따라야 한다는 것)에서 벗어나 오로지 자선과 구제에 전념할 수 있게 되었습니다. 1771년, 밀라노에 트리불치오 구빈원이 세워지자, 마리아 가에타나에게 구빈원의 경영이 맡겨졌습니다. 그리하여 아버지가 돌아가신 뒤부터 남은 자기 인생과 전재산을 가난하고 병든 사람들을 돕기 위해 바친 뒤, 1797년에 자신이 일하던 구빈원에서 세상을 떠났습니다.

:: 소피아 코발레프스카야

소피아 코발레프스카야는 1850년 1월 15일에 러시아의 *모스크바에서 태어났습니다. 소피아의 집안은 러시아에서 이름난 귀족 가문으로 아버지는 포병 장교였습니다.

그 당시 러시아에서는 여자들이 교육받을 기회는 극히 드물었으나, 소피아는 부모님 덕분에 뛰어난 가정 교사에게 교육을 받을 수 있었습니다. 이 때 소피아가 특히 관심 두고 공부했던 부분이 수학과 과학이었습니다.

소피아가 17살 되었을 때 그녀는 좀더 어려운 공부를 하고 싶어서 외국으로 나가려고 하였습니다. 그러나 그 당시 러시아에서는 여자들의 고등 교육이 허용되지 않았으며, 결혼을 하지 않은 여자는 외국 여행도 할 수 없었습니다.

외국 유학을 간절히 원했던 소피아는 1868년 젊은 *고생물 학자인 블라디미르 코발레프스키와 서류상으로만 결혼을 하였습니다. 그리고 그 해 남편(물론 서류상으로만 남편이지만)과 함께 독일의 하이델베르크로 갔습니다. 그러나 하이델베르크에서도 여자는 대

* **모스크바**
러시아의 수도.

* **고생물 학자**
지질 시대에 살던 생물 (주로 화석 생물임)을 연구하는 학자.

학에 입학할 수가 없었습니다.

　그 후 1871년, 소피아는 혼자서 베를린으로 옮겨 가서, 당시 베를린 대학에서 수학으로 이름을 날리고 있던 *바이어슈트라스의 지도를 받았습니다.

　물론 대학에서 지도를 받은 게 아니라, 바이에르슈트라스 교수 집에 직접 공부를 배운 것입니다. 이런 공부를 4년 간이나 계속한 끝에, 1874년에는 '편미분 방정식에 관하여'라는 논문을 발표하여 괴팅겐 대학에서 학위를 받았습니다.

　그런데 이 연구 때문에 몸이 극도로 쇠약하여져서 그녀는 고국 러시아로 되돌아오고 말았습니다.

　몸이 약해져 고독감을 느끼게 되자, 지금까지 해 오던 *변칙적인 결혼 생활을 끝내고, 정식으로 코발레프스키 부인이 되어 페테르스부르크의 사교계에서 활약하였습니다.

　그러나 첫 딸이 출생한 후에는 다시 수학에 대한 정열이 불타올라 다시 공부를 하

*바이어슈트라스
독일의 수학자. 함수론의 개척자로 해석 함수의 이론을 세움.
(1815~1898)

*변칙적인
원칙에 벗어난.

기 위해 독일로 가려고 했습니다. 단란하고 행복한 가정을 갖고 싶어하는 남편 코발레스키가 간곡하게 말렸으나, 수학에 대한 그녀의 열정은 혼자 베를린으로 가게 만들었습니다.

그 곳에서 다시 바이어슈트라스 밑에서 수학을 공부했습니다.

그녀가 베를린에서 연구를 하고 있을 무렵, 아주 놀라운 소식이 전해지는데, 그것은 남편이 사업에 실패하고 스스로 목숨을 끊었다는 것입니다. 이에 소피아는 큰 충격을 받았습니다.

자기가 남편의 곁을 떠났기 때문에 남편이 세상을 버린 것이라고 생각한 소피아는 슬픔과 *자책감에 싸여 하루하루를 보내게 되었고, 몸은 급격히 쇠약해졌습니다.

1889년 스웨덴 스톡홀름 대학에서 소피아 코발레프스카야를 수학 강사로 초빙하였습니다. 당시만 하여도 여성들은 대학에서 입학하거나 강의를 듣는 것까지 금지되어 있던 시대라서, 소피아가 강사로 초빙되어 교수로까지 승진시킨 데 대하여 많은 사람들로부터 불만이 터져 나왔습니다.

*자책감
스스로 자기를 탓하여 꾸짖음.

　　그러나 프랑스 과학 아카데미에서 그녀의 업적을 높이 기려 보로댕 상을 수여하자, 코발레프스카야 교수의 명성은 유럽 전역에 퍼져 나갔으며, 여자를 교수 채용하는 데 대한 반대 주장도 자취를 감추게 되었습니다.

　　그러나 애석하게도 코발레프스카야는 이 보로댕 상을 받고 돌아오는 길에 감기가 걸렸는데, 이것이 폐렴으로 악화되는 바람에 결국 1891년 2월 10일에 41세의 아까운 나이로 세상을 떠나고 말았습니다. 그렇지만 그녀가 남기고 간 연구 결과는 오늘날의 수학자들도 감탄할 정도로 훌륭한 것이었습니다.

　　그리고 문학에도 소질을 보여 '라에프스키가의 자매'라는 작품도 남겼습니다.

:: 에미 뇌터

에미 뇌터는 독일 에를랑겐 대학의 수학 교수인 막스 뇌터의 맏딸로 1882년 3월 23일에 태어났습니다.

뇌터는 성품이나 체격이 남자 같아서 어릴 때부터 말괄량이 소녀였습니다.

에미 뇌터가 살았던 시절에는 여자들이 교육을 받는 데 많은 *제약이 있었습니다. 그러나 에미 뇌터는 자신의 굳은 의지와 부모님의 격려에 힘입어 그러한 제약을 이겨 낼 수 있었습니다.

청소년 시절 에미 뇌터는 프랑스 어나 영어 등 어학 공부를 열심히 하여 프랑스 어와 영어의 교원 자격 시험에 합격하였습니다.

이에 용기를 얻은 그녀는 계속 대학에 진학하길 바랐으나, 당시 독일에서는 여성의 대학 진학이 허용되지 않고 있어서 꿈을 접을 수 밖에 없었습니다. 하는 수 없이 1900년에 에를랑겐 대학에 *청강생으로 입학을 하였고, 1903년 겨울에는 괴팅겐 대학에 가서 수학을 공부할 결심을 굳혔습니다.

바로 이 무렵 공식적으로 여성도 대학의 정규 학생이 될 수 있게 되어, 그녀도 1904년에는 에를랑겐 대

* **제약**
어떤 일을 하는 데 조건을 붙여 제한함.

* **청강생**
정식 학생이 아닌 사람에 학교의 허락을 받고 강의를 듣는 사람.

학의 정규 학생이 되었습니다. 그 당시 뇌터가 속해 있던 철학부 제 2부의 학생 47명 중 여성은 뇌터 단 한 사람뿐이었다 합니다.

1915년 박사 학위를 받은 뇌터가 초청을 받아 괴팅겐 대학으로 갔는데, 강사는 되지 못하였습니다. 그 이유는 뇌터가 여성이었기 때문입니다. 이에 분노한 *힐베르트는 다음과 같은 말을 남겼습니다.

* 힐베르트(1862~1943)
독일의 수학자. 괴팅겐 대학 교수. 20세기 수학 발전에 크게 공헌한 인물임.

> "…강사를 채용하는 데 남자인지 여자인지를 따진다는 것은 나로서는 이해가 가지 않는다. 이것은 대학의 문제이지 목욕탕의 문제가 아니지 않겠는가?!"

그러나 제1차 세계 대전이 끝나자, 여성의 지위도

많이 향상되어 여성도 대학 교수가 될 수 있게 되었습니다. 그리고 1919년 뇌터는 비로소 강사직을 갖게 되었습니다. 그러나 급료 없는 강사로서 뇌터는 경제적으로 퍽 어려움을 겪어야 했습니다.

뇌터가 수학자로서 그 실력을 발휘하기 시작한 것은 중년 이후의 일입니다.

1927년에 발표한 그녀의 논문은 당시로서는 최고 수준의 수학 이론과 기호를 확립한 것입니다. 그러자 뇌터의 주위에는 세계 각국에서 많은 청년 수학자들이 모여들었는데, 이 그룹을 주위 사람들은 '뇌터의 꼬마들'이라고 불렀습니다.

그런데 그녀는 유태인이었기 때문에 *히틀러가 정권을 잡자 대학에서 쫓겨나게 됩니다. 그러나 그런 일에 실망하지 않고, 곧 미국으로 건너가서 아인슈타인이 있었던 프린스턴 고급 연구소에서 일을 하면서 훌륭한 일을 많이 해냈습니다.

그 뒤 그녀는 수학으로 아인슈타인의 *상대성 원리의 중요한 부분을 구체적으로 나타내는 데 큰 공헌을 하게 됩니다.

* **히틀러(1888~1945)**
독일의 정치가. 나치당의 수령. 1933년 독일의 수상이 되어 제2차 세계 대전을 일으킴.

* **상대성 원리**
아인슈타인 박사가 주창한 학설. 공간과 시간의 관계를 연결한 4차원의 세계에 대하여 설명함.

수학 별거 아닙니다.

수학은 '논리의 학문'이라고 앞에서 이야기하였습니다. 그리고 우리가 골치 아프게 생각하고 있는 계산도 수학을 공부하는 데는 꼭 필요한 것이라고 말했습니다.

즉, 우리가 수학을 잘 하려면 논리적인 사고와 정확한 계산이 필요합니다. (이거 좀 어렵군요.)

그럼, 좀더 쉽게 이야기해 볼까요?

※ 다음 □ 안에 알맞은 수는 무엇입니까? (소수점이 들어 있는 수도 가능합니다.)

$$3 + \square = 3 \times \square$$

어린이들이 위와 같은 문제를 푸는 것을 보면 그 사람의 성격을 대강 알 수 있습니다.

① 성급하고 즉흥적인 어린이

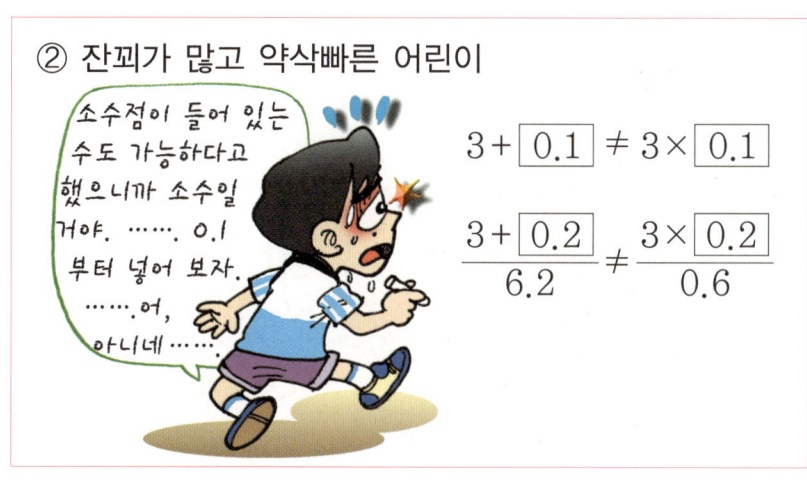

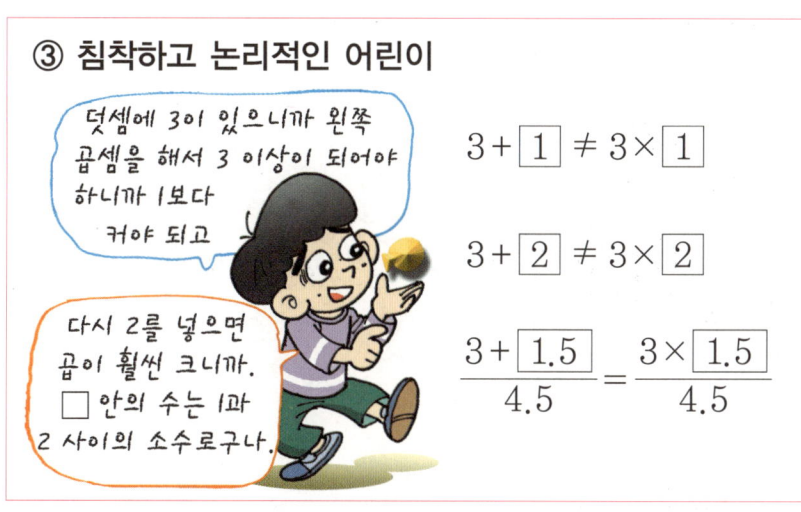

위의 세 어린이 중에서 ①, ②와 같은 성격을 가진 어린이들이 수학을 잘 하기 위해서는 좀더 차분하게 생각하는 습관을 들여야 합니다.

어떤 경우 ①, ② 어린이들이 답을 빨리 맞추는 경우도 있지만, 그것은 다음 이야기처럼 우연히 맞춘 것일 뿐 실력이라고 할 수 없습니다.

이와 반대로 ③과 같이 침착하고 논리적인 어린이들은 일이 생긴 원인부터 생각해 봅니다.

모든 일을 가장 빨리 정확하게 하는 방법은 순서에 따라 차근차근하게 하는 것입니다.

우리가 지금 배우는 수학이 이렇게 모든 것을 논리적으로 생각하도록 하는 힘을 기르는 공부입니다.

자, 어떻습니까. 수학, 알고 보니 별거 아니지요?

살아 있는 수학, 죽은 수학

고대 이집트는 아주 오랜 옛날부터 수학이 시작되었던 곳입니다. 그럼에도 불구하고 역사에 이름을 남긴 위대한 수학자들이 별로 없습니다. 오히려 이집트에서 수학을 배워 간 그리스 인들 중에 수학 역사에 큰 발자취를 남긴 사람들이 많습니다. 왜 이런 일이 벌어졌을까요?

이집트 인들이 수학을 하게 된 가장 큰 이유는 토지를 측량하고 달력을 만드는 데 이용하려던 것입니다.

이집트 사람들은 직각을 이룬 삼각형에서 세 변이 길이의 비가 3:4:5가 된다는 것을 알고, 이것을 이용하여 토지를 측량하고 높은 건물을 세웠던 것입니다.

그런데 이집트 사람들의 관심은 거기에서 그치고 말았습니다. 그들은 옛날 사람들에게 배운 것을 그대로 외우고 생활에 이용하는 것에 만족하였습니다.

그러나 그리스 인들은 달랐습니다. 이들은 끝없는 의문을 품고 그것을 해결하기 위해서 노력하였습니다. 그리고 문제가 해결된 다음에도 증명과 정리라는 독특한 방법에 따라 수학을 연구했던 것입니다. 위에서 이

집트 인들이 알아 낸 직각삼각형 세 변의 길이의 비에서 한 걸음 더 나아간 것이 바로 유명한 *피타고라스의 정리입니다.

이런 그리스 인들의 학문 연구 방법은 많은 위대한 철학자들과 수학자, 과학자들을 길러 내었던 것입니다.

결과적으로 뛰어난 재능으로 피라미드와 같이 훌륭한 건축물을 만들 수 있었던 이집트 인들은 수학적 원리를 생각하지 않았기 때문에 더 이상 발전하지 못하였고, 이집트 인들에게 배운 수학의 원리를 파고든 그리스 인들이 수학을 크게 발전시켰던 것입니다.

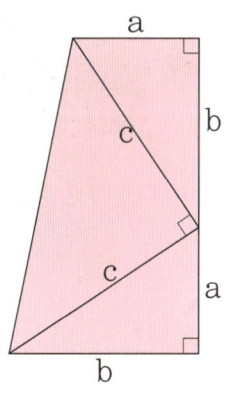

*피타고라스의 정리
이책 86쪽 참조

💡 무엇이 살아 있는 수학일까요?

'수학'이라는 말만 들어도 눈쌀을 찌푸리는 어린이들도 우리 생활에 깃들어 있는 수학의 원리를 알게 되면 수학을 고맙게 생각하게 됩니다.

우리 생활에 수학이 쓰이지 않는 곳은 거의 없습니

다. 음료수나 우유 한 병에도 그 속에 들어 있는 내용물이나 영양 성분이 표시되어 있는데, 이것 역시 수학적인 방법으로 나타내는 것입니다.

🔼 어느 우유팩에 표시되어 있는 영양 성분

그럼, 수학이 우리 생활에 이용된 것들 중에는 어떤 것들이 있는지 알아봅시다.

☀️ 흔들림이 없는 삼각대

우리 주위에는 책상, 탁자, 의자 등 다리가 있는 가구들이 많습니다. 그런데 이들 중 다리의 길이가 같지 않거나 바닥이 고르지 않아 기우뚱거리는 경우가 종종 있습니다.

그러나 다리가 3개인 가구는 다리의 길이가 다르거나 바닥이 울퉁불퉁해도 절대로 흔들림이 없습니다.

참, 이상하지요? 다리가 많을수록 흔들림이 더 없고 안정감이 있을 것 같은데…….

이런 수학적 이치를 이용한 것이 바로 사진기의 삼각대와 측량 기구의 받침대입니다. 이 기구들은 절대로 흔들림이 있으면 안 되기 때문에 발을 3개로 만든 것입니다.

그 답은 아주 간단합니다. 가구에 다리가 세 개인 가구는 다리의 끝이 항상 바닥에 닿아 있기 때문입니다. 이것을 수학으로 증명하면 다음과 같습니다.

> 어떤 3점은 오직 하나의 평면만을 구성한다.

그렇기 때문에 다리가 3개인 가구는 절대 흔들리지 않는 것입니다.

💡 컴퓨터에 사용되는 이진법

우리가 흔히 사용하고 있는 기수법은 10진법입니다. 즉, 0, 1, 2, 3, 4, 5, 6, 7, 8, 9라는 10개의 숫자로 10을 기본으로 하며 '십, 백, 천, 만'과 같이 열 단위씩 새로운 명칭을 붙이고 있다는 것입니다.

이것은 옛날부터 대부분의 민족들이 사용하던 셈의 방법이었는데, 그 까닭은 사람의 손가락이 10개였기 때문입니다.

그런데 옛날 우리 나라와 중국에서는 세상의 만물을 '음양'으로 구분하는 생각이 깊게 자리잡고 있었습니다. 이것을 '음양 사상' 이라고 합니다.

음양 사상을 쉽게 설명하면 낮과 밤, 남자와 여자, 불과 물, 홀수와 짝수로 구분합니다. 그리하여 낮, 남자, 불, 홀수 등은 '양' 이고, 밤, 여자, 물, 짝수 등은 음이라고 한 것입니다.

우리 나라의 태극기도 음양 사상을 나타낸 대표적인 것입니다. 태극의 빨간 부분은 양이고, 파란 부분은 음입니다.

이 음양 사상이 유럽에 전해

져 많은 철학자, 수학자, 과학자들에게 영향을 끼쳤습니다. 그 중 독일의 수학자 라이프니츠는 이 음양 사상에서 힌트를 얻어 2진법을 발명하였습니다.

2진법은 짝수의 대표적인 수를 '0', 홀수의 대표적인 수를 '1'로 하여 0과 1로 나타낸 것입니다.

이 2진법의 원리를 이용하여 만든 것이 바로 컴퓨터입니다.

컴퓨터는 NO와 YES 두 가지 명령 뿐입니다. 즉, 'No(아니오)'는 '0'이고, 'Yes(예)'는 '1'로 처리하여 전기 회로를 만들어 낸 것입니다.(지금 당장 컴퓨터를 켜서 확인해 보십시오.)

* **라이프니츠**
독일의 수학자. 미분과 적분을 확립한 학자.
(이 책 124쪽 참조)

☀ 바코드

요즘 우리가 상점에서 여러 가지 물건을 사면 판매원은 일일이 계산하지 않고, 상품의 뒷면에 찍혀 있는 오른쪽 모양의 그림에 기계를 댑니다. 그러면 자동적으로 물건값이 계산되어 영수증이 찍혀 나옵니다.

이 기계를 '매출 정보 관리 시스템(POS 시스템)'이라고 하고, 상품의 뒷면에 찍혀 있는 흰 바탕에 검정 막대 모양의 기호를 '바코드'라고 합니다.

　　바코드에는 표준형과 단축형이 있는데, 표준형에는 13자리 숫자가 있고, 단축형에는 8자리의 숫자가 있습니다. 이 숫자들은 모두 다음과 같은 것을 나타내고 있습니다.

⑺ **표준형** : 일반적으로 많이 사용되는 형태로, 국가식별 코드 3자리(①), 제조업체 코드 4자리(②), 상품 품목 코드 5자리(③), 체크 디지트 1자리(④) 등 13자리로 구성됩니다.

⑷ **단축형** : 국가 코드 3자리(㉠)와 제조업체 코드 3자리(㉡), 상품 품목 코드 1자리(㉢) 및 체크 디지트 1자리 등 8자리로 구성됩니다.

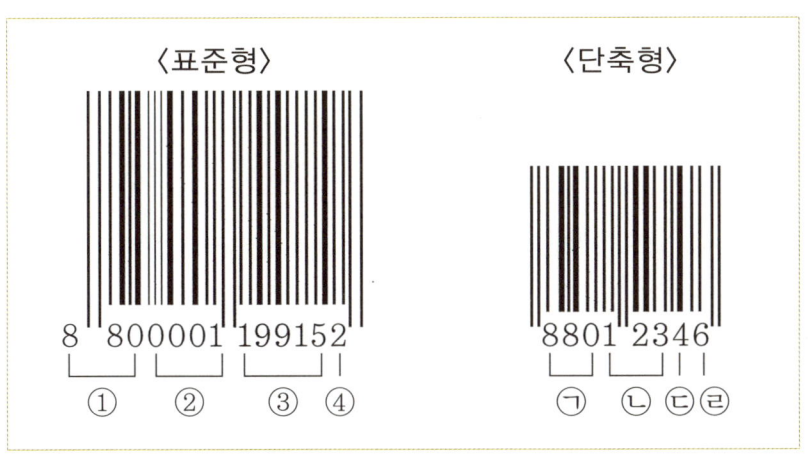

그런데 중요한 것은 이 바코드가 수학의 집합이나 통계 등의 원리로 이루어져 있다는 것입니다. 그래서 바코드를 이용하면 상품이 얼마나 팔리고, 얼마나 남았는가? 어느 회사 제품이 얼마나 팔렸는가? 등의 많은 정보를 한눈에 알아볼 수 있는 것입니다.

☀ 파라볼라 안테나

요즘에는 방송국에서 위성 중계를 해 주지 않아도 오른쪽 그림과 같은 안테나를 사용하면 일본과 같은 가까운 외국의 방송을 안방에서 볼 수 있습니다.

그리고 아주 먼 곳의 위성 중계를 할 때에는 위성 지구국을 이용하는데, 이 때도 오른쪽 모양과 비슷한 아주 큰 안

↑ 파라볼라 안테나

* **포물선**
곡선의 한 가지.
평면 위에 하나의 기준점을 중심으로 그려지는 점의 자취.

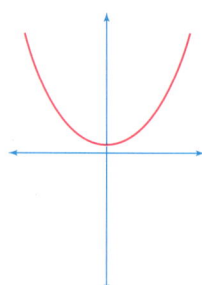

테나를 이용합니다. 이렇게 접시 모양으로 생긴 안테나를 '파라볼라 안테나' 라고 합니다.

'파라볼라' 는 *포물선을 뜻합니다.

그런데 왜 안테나를 넓적한 접시 모양의 포물선으로 만들었을까요? 그것은 포물선의 독특한 성질을 이용한 것입니다.

다음 그림을 보면 안테나가 둥근 접시 모양이기 때문에 바깥에서 들어오는 전파를 모두 초점에 모을 수 있는 것입니다.

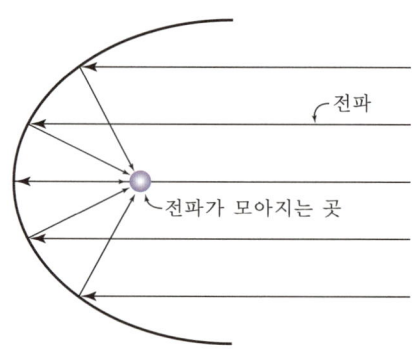

그러므로 파라볼라 안테나를 이용하면 아무리 약한 전파라도 쉽게 모을 수 있는 것입니다.

이 포물선이나 타원 쌍곡선 등은 원과 달리 아주 재미있는 성질을 갖고 있습니다.

지구나 금성, 화성 등 행성의 공전 궤도가 타원입니

다. 혜성도 마찬가지입니다.

　핼리혜성을 발견한 *에드먼드 핼리가 혜성의 주기를 계산하지 못했다가 뉴턴의 도움을 받아 핼리혜성의 주기를 알아 낸 일은 아주 유명합니다.

　그런데 약 2250여 년 전에 이 포물선이나 타원, 쌍곡선 등에 대하여 깊이 연구를 한 사람이 있었습니다.

　그리스 학자 아폴로니오스는 '원뿔 곡선론'이라는 책을 쓴 것으로 유명합니다. '원뿔 곡선'이란 평면이 원뿔과 만나서 만들어 내는 여러 가지 아름다운 곡선

*에드먼드 핼리
(1656~1742)
영국의 천문학자. 1682년 출현한 혜성을 관찰, 그것이 1531년과 1607년에도 출현하였던 혜성이라고 주장함. 그 후 뉴턴의 역학을 적용하여 그 궤도를 알아 냄. 그의 공적을 기려 핼리가 발견한 혜성을 핼리혜성이라고 부름.

을 말하는 것으로, 대표적인 것으로 다음과 같은 것들이 있습니다.

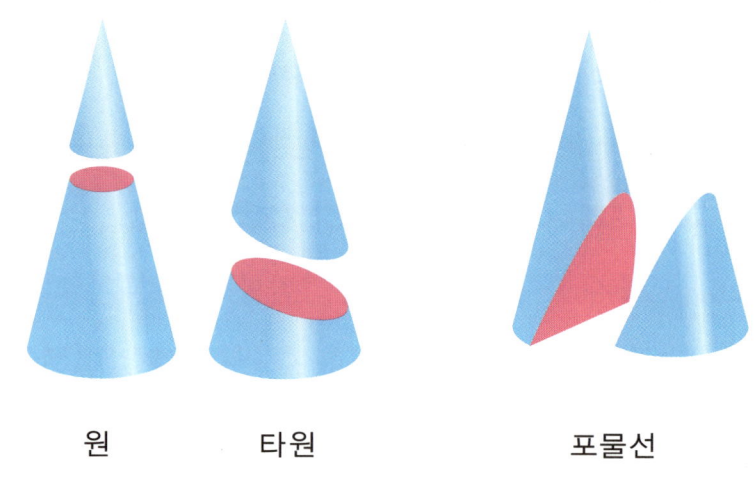

원   타원   포물선

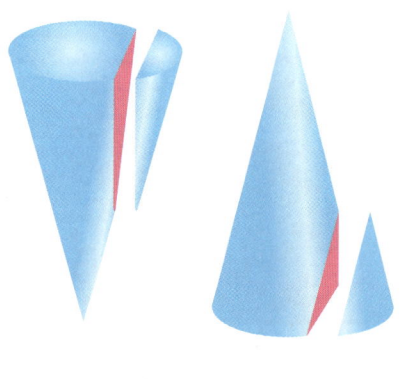

쌍곡선

이 세상에 원뿔 곡선의 원리를 설명해야 하는 현상들은 무수히 많습니다. 우리가 앞에서 알아본 파라볼라 안테나는 물론이고, 항공기(주로 전투기)가 음속

(소리의 빠르기)을 돌파할 때 나는 폭발음을 각기 다른 위치에 있는 사람들이 같은 시각에 들을 수 있는 것에 대한 설명도 원뿔 곡선의 이론으로 설명해야 합니다. 또, 반사 망원경의 원리 역시 원뿔 곡선 이론을 이용한 것입니다.

◎ 뉴턴이 발명한 반사 망원경

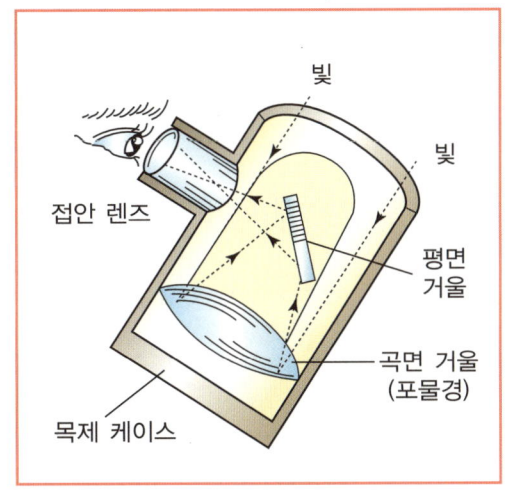

수학을 즐기는 방법

> 💡 **계산보다 문제 속에 감춰진 재미있는 이치를 찾아봅니다.**

수학은 계산하는 방법을 배우는 게 아니라, 어떤 약속에서 출발하여 바른 정리나 성질을 발견하고 그것이 옳은지 증명하는 과정을 배우는 공부라는 것을 앞에서 이야기하였습니다. 그러므로 수학을 잘 하면 모든 일을 논리적으로 올바르게 판단하는 힘이 길러지게 됩니다.

즉, 수학은 단순히 어떤 지식을 배우는 공부가 아니라, 생각하는 힘을 기르는 공부입니다.

우리는 앞에서 약 2250여 년 전에 살았던 그리스의 수학자 아폴로니오스가 생각해 낸 '원뿔 곡선론'에 대해 이야기를 했습니다.

왼쪽 그림처럼 평면이 원뿔과 만나면 여러 가지 아름다운 곡선이 생긴다는 것 말입니다.

그럼, 우리도 재미있는 생각을 해 봅시다.

정육면체를 수직으로 자르면 정사각형이 생깁니다. 그렇다면 자른 면이 다음과 같은 모양이 되게 하려면 정육면체를 어떻게 잘라야 할까요?

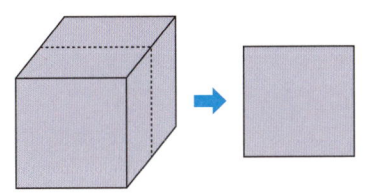

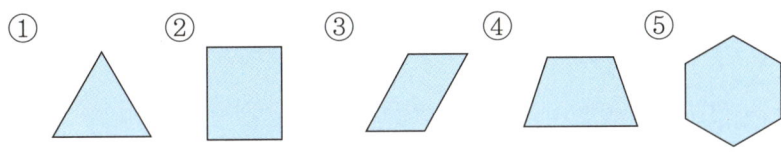

수학 공부는 바로 이런 것입니다.

놀이를 하듯이 문제 속에 감추어진 이치를 찾아 내고, 거기에서 좀더 발전하면 찾아 낸 이치를 숫자나 기호를 이용한 식으로 정리하는 과정이 수학입니다.

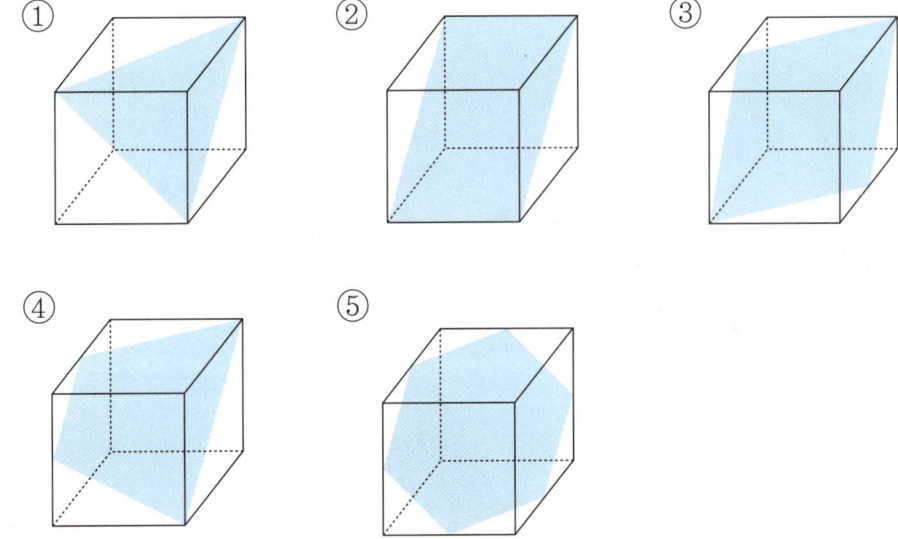

💡 **복잡한 계산은 그림으로 나타내어 봅니다.**

초등 학교 1, 2학년 어린이들 중에는 덧셈과 뺄셈이 섞여 있는 것을 모두 한 가지 셈으로 계산해 버리는 경우가 종종 있습니다.

※ 다음을 계산하시오.

(1) 1+3=4   (2) 2+2=4

(3) 3+2=5   (4) 5+1=6

(5) 4−2=6   (6) 5−2=7

(7) 6−2=8   (8) 7−3=10

이렇게 성급한 어린이는 절대 수학을 잘 할 수 없습니다.

다음 문제를 생각해 봅시다.

> 민호는 문방구에 가서 가지고 있는 돈의 $\frac{3}{8}$으로 공책을 사고, 남은 돈의 $\frac{2}{5}$로 색종이를 샀습니다. 그리고 남은 돈의 $\frac{2}{3}$로 편지 봉투를 샀더니 100원이 남았습니다. 민호가 처음 가지고 있던 돈은 얼마입니까?

이 문제를 보고, 성급한 어린이들은 식을 세우려고 끙끙거리고 있을 겁니다. 그러나 이 문제는 식을 세워 풀기보다는 그림으로 그려서 생각해 보는 게 낫습니다.

그리고 문제를 쉽게 풀기 위해서는 맨 나중에 남은 돈부터 거꾸로 생각해 봐야 합니다.

① 남은 돈의 $\frac{2}{3}$로 편지 봉투를 샀더니 100원이 남았습니다. 그러니까 100원은 남은 돈의 $\frac{1}{3}$이 되는 셈이군요. $\frac{1}{3}$이 100원이니, $\frac{2}{3}$는 200원입니다.

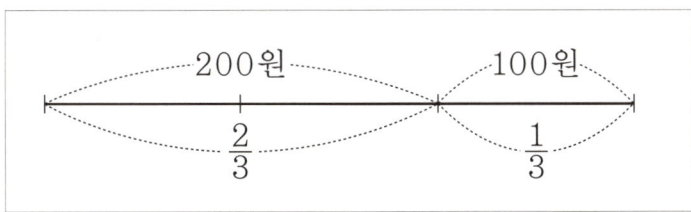

② 공책을 사고 남은 돈의 $\frac{2}{5}$가 색종이 값이니, 나머지 $\frac{3}{5}$은 편지 봉투 값 200원과 남은 돈 100원입니다.

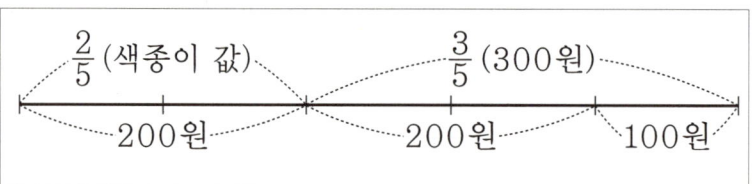

그러므로 색종이 값은 200원이군요.

③ 민호는 가지고 있는 돈의 $\frac{3}{8}$으로 공책을 샀으니, 나머지 $\frac{5}{8}$는 위 ①과 ②에서 구한 '남은 돈+편지 봉투 값+색종이 값'인 500원입니다.

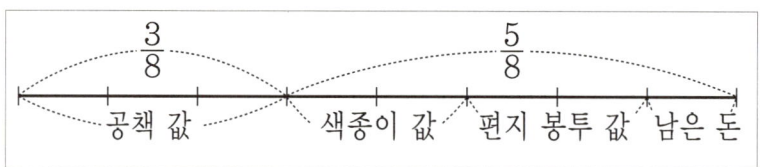

그러므로 민호가 처음 가지고 있었던 돈은 800원입니다.

💡 눈으로 보이는 것을 믿지 않습니다.

옛날부터 수학자와 과학자들은 의심이 많았습니다. 그래서 뻔한 사실에도 의문을 품고 연구를 거듭하여 남들이 알지 못했던 여러 가지 진리를 알아 내었습니다. 이것이 수학을 하는 바른 태도입니다.

우리들도 수학을 즐기며 바르게 공부하기 위해서는 눈으로 보이는 것이나 사람들이 한 이야기를 그대로 믿지 말고, 확인해 보고 그 사실을 증명해 보는 습관을 들여야 합니다.

한 예로 무거운 물체와 가벼운 물체를 동시에 떨어뜨릴 때 어느 것이 먼저 떨어질까라는 문제에 대해서 알아봅시다. 많은 사람들은 기원전 350여 년 전 그리스 시대의 아리스토텔레스의 말을 진리로 믿어 왔습니다.

> 떨어지는 물체의 속도는 물체의 무게에 비례한다.
> － 아리스토텔레스 －

그런데 약 2000년 후 이 말에 의심을 품은 갈릴레이가 직접 실험을 해 보고, 다음과 같은 결론을 내렸습니다.

> 자유롭게 떨어지는 물체는 무게와 관계 없이 똑같은 속도로 떨어지며 그 속도는 점점 빨라진다.
> － 갈릴레이 －

⬆ 갈릴레이

그리고 태양이나 별이 지구를 중심으로 돌고 있다고

생각했던 것에 의심을 품고 연구한 결과, 옛날 사람들의 주장과는 반대로 우리 지구가 움직이고 있었다는 것을 밝혀 내기도 하였습니다.

그럼, 우리들의 눈이 얼마나 믿지 못할 것인지 알아보기로 할까요?

① 다음 두 도형에서 붉은 선과 파란 선 중 어느 것이 더 깁니까?

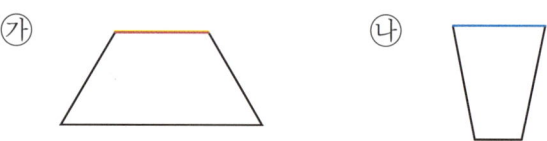

② 두 테이블의 윗면의 크기와 모양은 같습니까, 다릅니까?

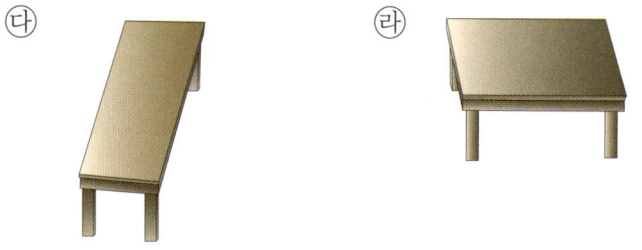

앞의 ①, ② 문제는 모두 '같습니다' 가 정답입니다.

①의 ㉮, ㉯의 붉은 선과 파란 선의 길이는 똑같지만, 한 도형 안에서 서로 비교가 되는 밑변의 길이 때문에 다르게 보이는 것입니다.

그리고 ②의 ㉰와 ㉱ 두 개의 테이블 윗면의 크기와

모양도 같습니다. 그러나 보는 각도에 따라 서로 다르게(㉰가 좁고 길게 보임.) 보이는 것입니다.

이렇게 우리의 눈은 믿을 수 없는 것입니다. 그러므로 모든 것을 수학적으로 꼼꼼이 따져 보는 것이 중요합니다.

💡 독창적으로 생각해 봅니다.

수학에 대해서 잘 모르는 사람들은 수학을 아주 딱딱하고 틀에 박힌 학문으로 알고 있습니다. 그러나 수학처럼 오묘하고 재미있는 학문은 다시 없을 겁니다. 또 수학만큼 자연의 이치를 분명하게 밝혀 주고 있는 학문도 없습니다.

우리가 자연 속에서 쉽게 발견할 수 있는 수학의 원리는 무궁무진합니다.

12세기말 이탈리아의 천재 수학자 *레오나르도 피보나치는 자연적인 현상에서 재미있는 수학 규칙을 발견하여 그것을 수의 순서로 나타내었습니다. 이것을 '피보나치의 수열'이라고 하는데, 그 순서는 다음과 같습니다.

> 1, 1, 2, 3, 5, 8, 13, 21, 34, 55, 89, 144, …

*레오나르도 피보나치 (1170~1250)
피나 출생. 아라비아에서 발달한 수학을 섭렵하여 이를 정리·소개함으로써 크리스트 교 여러 나라의 수학을 부흥시킨 최초의 인물.

이것은 1 두 개로 시작한 후, 세번 째 수부터는 바로 앞에 있는 두 수의 합으로 만들어진 겁니다. 그런데 이 수의 순서가 대부분이 자연 현상을 나타내고 있다는 것입니다.

주변의 거의 모든 꽃들의 꽃잎은 이 피보나치의 수열대로 3장, 5장, 8장, 13장으로 되어 있습니다.

백합과 붓꽃은 3장, 채송화, 패랭이 꽃은 5장, 코스모스, 모란은 8장, 금잔화는 13장으로 되어 있습니다.

꽃잎뿐 아니라, 피보나치 수는 솔방울의 비늘의 배열, 해바라기의 씨앗의 배열 등과 같이 자연의 여러 현상에서도 찾아 볼 수 있습니다.

그리고 이 수의 순서는 가로와 세로의 비율이 가장 안정적이고 아름답게 느껴지며 이상적인 비율이라는 *황금비에도 적용됩니다.

그건 뒤 숫자÷앞 숫자 : 1.618…로 나타내어지기 때문입니다. 이처럼 수학은 우리 주변의 곳곳에 적용할 수 있습니다. 그러므로 수학 교과서나 참고서를 통해서만 수학 공부를 하려는 생각을 버리고 자기만의 독특하고 재미있는 방식을 찾아 수학을 즐기는 일이 아주 중요합니다.

***황금비**
한 선분을 두 부분으로 나눌 때에, 전체에 대한 큰 부분의 비와 큰 부분에 대한 작은 부분의 비가 같게 한 비.

특집 부록

한붓 그리기

– 한붓그리기란 같은 선을 두 번 지나지 않고, 연필을 종이에서 떼지 않은 채 그림을 그리는 것입니다.

옛날, *동프러시아 프레골랴 강 하류에 쾨니히스베르크라는 도시가 있었습니다. 이 도시는 강 한복판에 있는 두 개의 섬에 걸쳐 있었는데, 본토와 섬은 아래 그림과 같이 모두 7개의 다리로 연결되어 있었습니다.

*동프러시아
독일 북부의 대부분을 차지하였던 프로이센의 동쪽 지역.

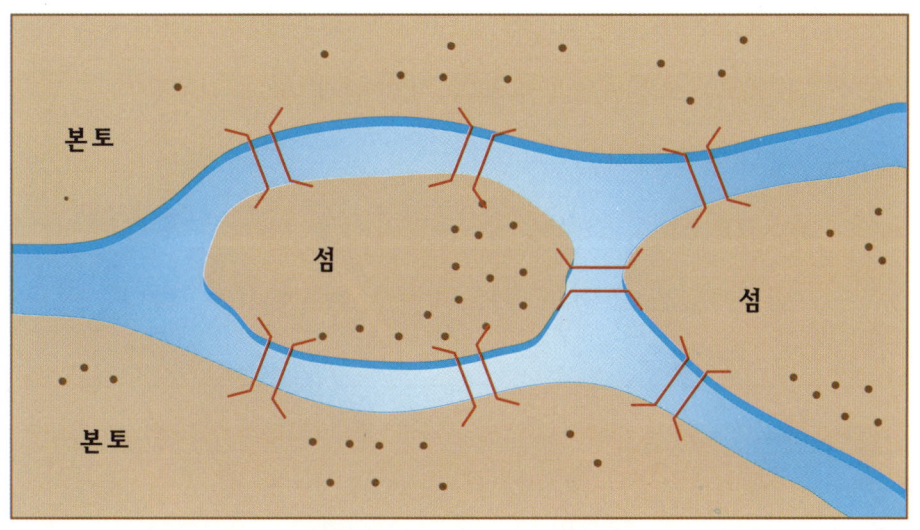

쾨니히스베르크 시민들은 자기 고장의 *명물인 이 다리를 자랑스러워하며 다음과 같이 재미있는 문제를 생각해 냈었습니다.

*명물
유명한 물건.

> 다리의 어느 한 지점에서 출발하여 모든 다리를 한 번씩만 건넌 다음, 다시 출발 지점으로 돌아올 수 있는가? (같은 다리를 두 번 건너지 않음.)

많은 사람들이 이 문제에 도전하였으나, 모두 실패하였습니다. 그런데 더욱 답답한 것은 자기들이 왜 실패하였는지 그 이유를 아무도 몰랐던 것입니다.

1736년 스위스의 수학자 *오일러가 이 문제에 관심을 갖고 도전하였습니다. 그리고 왜 문제의 조건대로 다리를 건널 수 없는지 그 이유를 알아 내었습니다.

먼저 오일러는 쾨니히스베르크의 다리를 오른쪽 그림처럼 간단하게 나타내었습니다.

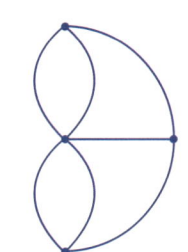

그리고 이 그림을 한붓그리기로 그릴 수 있느냐 없느냐를 따져 보는 것이었습니다.

* 오일러 (1707~1783)
스위스의 수학자, 물리학자. 수학과 물리학 전반에 걸쳐 해박한 지식을 가지고 많은 업적을 남김.

한붓그리기를 할 수 있는 그림의 조건

① 어느 점에서든 2로 나눌 수 있는 선이 뻗어 있다.
② 2로 나눌 수 없는 선이 뻗어 있는 점이 두 개이고, 나머지는 다 2로 나눌 수 있다.

위의 다리가 일곱 개 있는 문제는 ①, ②의 조건에 맞지 않으므로 한붓그리기가 불가능합니다.

예를 들어, 오른쪽 그림은 위의 조건 ①에 맞기 때문에 한붓그리기가 가능합니다.

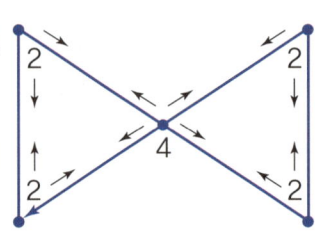

☼ 다음 여러 가지 그림은 한붓그리기가 가능한지 알아봅시다.

① 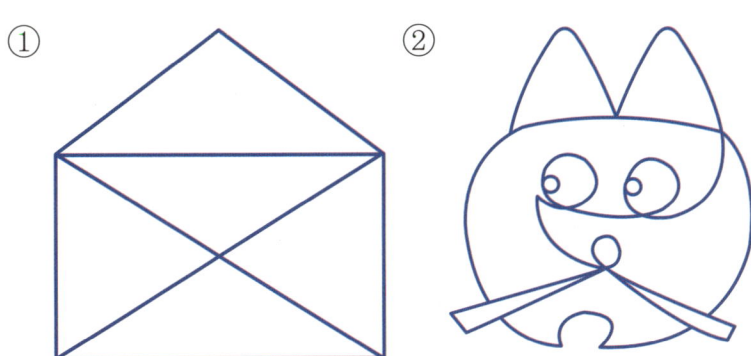 ②

③ 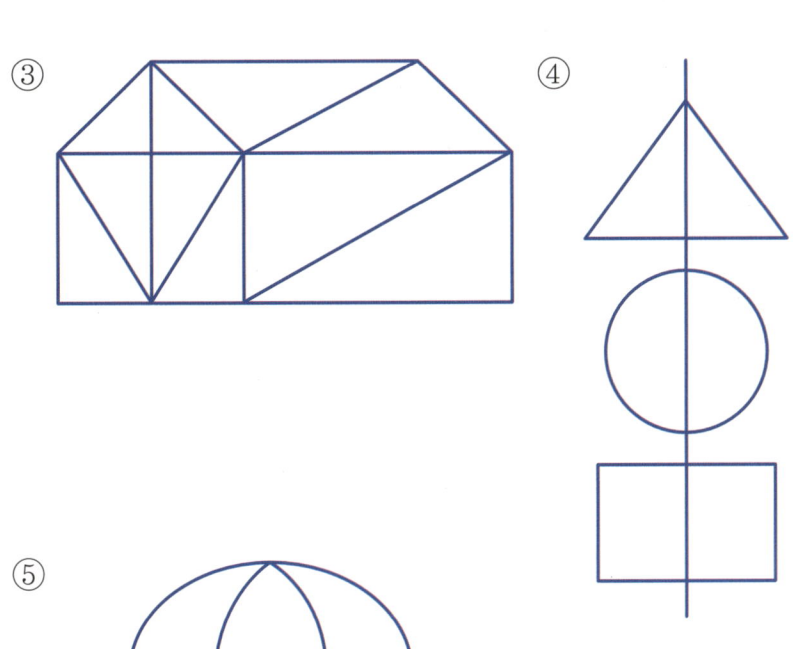 ④

⑤

찾아보기

갈루아 이론 /37
갈릴레이 /104
구수략 /53
국제 수학 올림피아드 대회 /30
뉴턴 /118
데카르트 /110
도량형 /76
라마수잔 /126
라이프니츠 /124
라플라스 /52
레코드 /75
리처드 3세 /44
마리아 가에타나 아녜시 /147
메소포타미아 /62
미터법 /77
바코드 /167
벅스턴 /42
비에타 /74
비트만 /74

세계 4대 문명의 발상지 /61
소피아 코발레프스카야 /151
소피 제르맹 /141
손빈 /25
스티븐 스필버그 /29
쐐기문자 /62
아르키메데스 /96
아인슈타인 /29
아폴로니오스 /171
앙리 푸앵카레 /38
에드먼드 핼리 /171
에디슨 /12
에미 뇌터 /155
에바리스트 갈루아 /35
오트레드 /74
원주율 /100
유클리드 /93
유클리드의 원론 /94
이진법 /166

이집트 문자 /64
인도·아라비아 숫자 /68
제논 /90
최석정 /53
칼 프리드리히 가우스 /48
콜번 /45
클레오파트라 /114
탈레스 /78
테아노 /135
토머스 풀러 /40
파스칼 /114
폰 노이만 /54
플라톤 /18
피라미드 /80
피타고라스 /84
피타고라스 정리 /86
하인리히 란 /75
히파티아 /136
힐베르트 /156

수학! 뒤집으면 풀린다!

2003년 4월 10일 1쇄 발행
2008년 5월 10일 증쇄 1쇄 발행

엮 은 이	이명구
그 린 이	한결 · 김주리
펴 낸 이	조우익
편집 책임	박미숙
편집 진행	아이사랑
펴 낸 곳	(주)도서출판 아테나
주 소	서울특별시 중구 남학동 16-1 만수빌딩 203호
편 집	(02)2268-6042 ｜ Fax (02)2268-9422
영 업	(031)903-6081 ｜ Fax (031)903-6071
홈 페이지	http://www.athenapub.co.kr
E-mail	ace3093@chollian.net
등 록	1991년 2월 22일 제 2-1134호

ⓒ 2003 아테나
ISBN 89-89886-76-7 74410

* 이 책의 저작권은 (주)도서출판 아테나에 있습니다.
* 이 책 내용의 일부 또는 전부를 사용하려면 반드시 저작권자와 서면을 통한 동의를 얻어야 합니다.
* 책값은 뒤표지에 있습니다. 잘못된 책은 바꾸어 드립니다.